نسل زن

منشاء ادیان

YAY

YAY: 60
KİTAP: Dinlerin Kökeni (Farsça)
ORİJİNAL ADI: The Origin of Religions
YAZAR: Thomas Hwang
ÇEVİREN: Perisa Jahani
MİZAMPAJ: Aysun Balcı

ISBN: 975-605-81284-9-1
T.C. Kültür ve Turizm Bakanlığı Sertifika No: 16231

Davutpaşa Cad. Emintaş
Kazım Dinçol San. Sit. No: 81/87
Topkapı, İstanbul - Türkiye
Tel: (0212) 567 89 92-93
E-mail: yaybilgi@gmail.com
www.yenianadolu.com

Baskı: Anadolu Ofset – Tel: (0212) 567 89 92
Davutpaşa Cad. Kazım Dinçol San. Sit.
No: 81/87 Topkapı, İstanbul – Türkiye
Mayıs 2019

نسل زن ۱

منشاء ادیان

توماس هانگ

انتشارات آمی

درباره نویسنده

دکتر توماس هانگ، بنیان‌گذار سازمان بین‌المللی میسیونری آمی (AMI-Antioch Missions International) می‌باشد. این سازمان خدمتش را در امر تبشیر در مناطق نیم‌کره شرقی به علاوهٔ بخش آفریقایی از نیم‌کره غربی، که بین عرض جغرافیایی ۱۰ درجه تا ۴۰ درجه شمال خط استوا باشد متمرکز کرده است ("۴۰/۱۰ window" region primarily populated by unreached people groups)، و مناطقی که بالاترین سطح از چالش های اقتصادی و اجتماعی و حداقل دسترسی به پیام انجیل و منابع مسیحی را داراست. در حوزه کالج الیهات آمی به طور متداول بالای ۶۰۰۰ رهبر از ۲۵ کشور از آسیا و آفریقا تحت آموزش و تعلیم قرار گرفته اند.

نویسنده این کتاب تا کنون ۱۵ کتاب را تالیف و تصنیف کرده است، این کتاب‌ها به زبان‌های فارسی، نپالی، برمه‌ای، انگلیسی، روسی، کامبوجی، اندونزیایی، هندی، بنگالی، ویتنامی، اسپانیایی، چینی، و ژاپنی ترجمه شده و بیش از ۶۰۰۰۰۰ جلد از این کتابها هم اکنون توزیع شده است.

نویسنده لیسانس خود را از دانشگاه ملی سئول (Seoul National University) اخذ نموده و در سال ۱۹۶۸ ((B.S.)) در رشته مدیریت بازرگانی در آمریکا ادامه داده Michigan State Universityتحصیلات خود را در در همان رشته (M.B.A.) و فوق لیسانس خود را (B.B.A.) و لیسانس دوم از دانشگاه ایالتی پیتزبورگ (M.B.A - Pittsburg State University) اخذ کرده است. بعد از داشتن یک تجربه کاری موفق در تجارت و بیزینس در آمریکا و کانادا، خود را متعهد خدمت به خداوند کرده و در Tyndale درکانادا فوق لیسانس الهیات خود را University College and Seminary گرفته و همچنین دکتری الهیات خود را در Trinity Evangelical Divinity School واقع در Deerfield, Illinois, U.S.A اخذ نموده است. بعد از آن وی به عنوان عضوی از شورای عمومی انجمن تبشیری کانادا مشغول به تدریس شده.

و همچنین به سمت استادیار و عضو شورای حکام در Tyndale University
Theological منصوب شده است. همزمان که او به عنوان استاد در
Seminary in Nyack, New York, U.S.A. مشغول به تدریس بود، او به
عنوان افسر دائمی اجرایی کمیته آماده سازی برای رایزنی جهانی در خصوص
Evangelization'۹۵-) (GCOWE'۹۵ با فرض بر اینکه او امر تبشیر
نقش محوری و اساسی در این کنفرانس میسیونری ایفا خواهد کرد، به کره
جنوبی اعزام شد. سپس وی مرکز سازمان میسونری خود را در کره جنوبی
AMI تأسیس و راه اندازی کرده و نخست، از طریق شبکه ماهواره‌ای پیام
انجیل را در نقاطی در آسیا و آفریقا که به پیام انجیل دسترسی ندارند از طریق
رادیو و پخش برنامه های ماهواره‌ای آغاز کرد. در حال حاضر او خود را وقف
خدمت شبانی اش به عنوان شبان ارشد در کلیسای آمی، برگزاری سمینارهای
متعددی در خصوص رهبری درسراسر جهان، خدمت نشریه و رسانه ای کرده
است.

فهرست مطالب

توصیه نامه

وقتی شروع به خواندن کتاب منشأ ادیان، اثر دکتر توماس هانگ کردم، آنقدر این کتاب مرا در خود غرق کرد که بدون توقف، در یک جلسه تمام کتاب را خواندم. امروزه کتابهای بسیاری در کتابفروشی های مسیحی بفروش میرسد، کتابهایی که ترویج دهنده افکار مثبت، موفقیت، و کامیابی هستند. کتابهایی که داستان مردان و زنانی را بیان می کند که به واسطه تصمیم و انتخاب‌هایشان، برکت هایی گرفته اند.
بر خلاف آن کتابها، "منشأ ادیان" اثر دکتر توماس هانگ بر اساس اصول به نگارش درآمده است. این (Evangelicalism) و فلسفه پاک اونجلیکالیزم کتاب که بر پایه اولین اظهارنامه کتاب مقدس (پیدایش ۳:۱۵) در خصوص به رشته تحریر ،(Protoevangelium) خبر نجات، توسط عیسی مسیح درآمده، با سلیقه ای زیبا و جذب کننده، تفاوت اساسی و راستین بین مسیحیت-مسیح محور و ادیان بت پرست ـ انسان محور که همانا، نوادگان مار(شیطان) باشند را بیان می‌کند.
این کتاب "منشأ ادیان"، در مورد اصول بنیادین الهیات و ایمان مسیحی بحث میکند. در این راه، نویسنده از روش نگارشی استفاده کرده است که همگان، در تمام سطوح اجتمائی بتوانند این کتاب را بدون مشکل بخوانند و از اطلاعات آن بهرمند شوند. این کتاب نه تنها دارای توضیحات علمی، آکادمیک و منطقی است، همچنین دارای تحقیقات تاریخی دقیق نیز می باشد. علاوه بر این، به کارگیری کلام خدا، کتاب مقدس، به عنوان تنها استاندارد برای ایمان و زندگی ما. این کتاب به ما ابزاری ارائه می دهد که به وسیله آنها ما به راحتی می توانیم جنبش ها و مذاهب دروغین امروز را تجزیه و تحلیل کنیم.
کتاب "منشأ ادیان"، گزارشی است خردمندانه از نتایج تجزیه، تحلیل، اثبات و بازنمایاندن خاستگاه و منشأ ادیان و همچنین افشای جنبش متظاهرانه "WCC" (شورای جهانی کلیساها- World Council of Churches)، انتقاد از الهیات لیبرال، پرده برداری از ماهیت آیین بابلیان، و تجزیه و تحلیل جنبش عصر جدید و کثرت گرایی مذهبی. کتاب دیگری که هم اکنون در حال آماده سازی برای ارائه می باشد، "خدای مسیحیت کیست؟" نام دارد، که مبحثی

است در خصوص هسته ایمان مسیحی.
دکتر توماس هانگ، الهیدانی کاملاً محافظه کارو اونجلیکالی است، و او قصد دارد که کتابهای بیشتری را تألیف و چاپ برساند. به امید اینکه کتابهای زیادی در آینده از این مرد خدا به چاپ برسد، به نظر من این کتاب یکی از کتابهایی است که حتماً باید توسط شبانان و دانشجویان الهیات خوانده شود.
نوامبر ۲۰۱۳
دکتر. سونگ- کوه چانگ
رئیس سابق کالج الهیاتی مجمع معتقدان و دانشگاه دشین

پیش گفتار

من الیهات "انجیل- محور" نجات را بیشتر از ۲۰ سال است که تدریس میکنم، چه در داخل و چه در سطح بین المللی. در حال حاضر هزاران نسخه خطی و الکترونیکی از آن تعالیم موجود است. این نسخه ها، تفسیری از است، که در کل کتاب مقدس جریان دارد، و (Soteriology) مبحث نجات از دیدگاه الهیات تاریخی و نظامند و همچنین علم میسیون شناسی، اساس و شالودن آن "نسل زن" (پیدایش ۳:۱۵) می باشد.
نسل زن در پیدایش ۳:۱۵ نمادیست از خداوند ما عیسی مسیح. این آیه نبوتی در بر دارنده نقشه عظیم نجات است، نبوتی این چنین، عسیی خداوند قطعاً به این جهان خواهد آمد، به عنوان منجی و خداوند ما، و او شیطان را شکست خواهد داد. پیشگویی آمدن خداوند عیسی از اولین باب های عهد عتیق شروع شده و در ادامه، در تمام کتاب مقدس (عهد عتیق و عهد جدید)، به طور همانند و همسان این پیشگویی ادامه دارد. کتاب مقدس گزارشی است از عملکرد عیسی خداوند که نقشه عظیم نجات را به انجام می رساند.
،(The Origin of Religions - این کتاب که به تازگی منتشر شده (منشأ ادیان مجموعه است ویژه، از موضوعات اساسی، که دانستن و داشتن درکی عمیقی ،(soteriology -از آن، قبل ازمطالعه مبحث "نجات" (رستگاری‌شناسی ضروریست. این کتاب متمرکز است بر فرایند پرستشی ادیان، فرایندی که نشات گر فته از شیطان می باشد، از آیین باستانی بابلیان گرفته تا کثرت گرایی دینی امروز. چرا مسیحیت و سایر ادیان با هم همزیستی و رقابت می کنند؟ آیا این در کتاب مقدس از پیش مقدر شده است؟ اگر خدا این را از پیش تعیین کرده است، که ادیان دیگر بوجود آیند، شروع و توسعه آنها چگونه بوده؟ این سئوالاتی است که در این کتاب مورد بحث قرار خواهد گرفت.
-امروزه همه ادیان جهان، زیرچتر کثرت گرائی دینی (پلورالیسم دینی با هم متحد شده اند. Religious pluralism) کثرت گرائی دینی به این معناست که، راه های زیادی برای نجات و رستگاری وجود د ارد.
نشان دهنده قصد آنها، از تصدیق "Plural" در آخر کلمه " ism "افزودن

این جنبش، به عنوان آرمان و تفکری مطلوب و حقیقی که نتیجه استدلالی منطقی است، میباشد. به عبارت دیگر، این ایده و تفکر، که همه ادیان با هم برابر هستند، باید در غالب نظریه اندیشمندانه و منطقی "کثرت گرایی دینی"، مورد قبول و احترام واقع شود.

این طور به نظر میآید که گثرت گرایی دینی، دیدگاهی انسان گرایانه، پسندیده، واخلاقی از دین باشد. دلیل آن، پذیرش واقعیت همزیستی ادیان مختلف در جامعه است، که اذعان میکند که ادیان با هم خویشاوند هستند. کثرت گرایان دینی بر این باورند که، از آنجایی که هر دینی ویژگی های شایان خاص خود را دارد، که این ویژگی ها آن دین را منحصر به فرد میکنند، همه ادیان باید با هم بطور یکسان با هم همزیستی و هماهنگی داشته باشند. آنها بر این باورند که آرمان های انسان، مانند صلح جهانی، آزادی انسان، ثبات اجتماعی، و پیشرفت و ترقی ممکن است از طریق گفتگوها بین ادیانی عملی بشوند.

کثرت گرایی دینی، منکر این حقیقت است که، مسیحیت تنها دین است که به منجر به نجات می شود. آنها ادعا می کنند که مسیحیت تنها یکی از بسیاری از ادیان اصلی می باشد. آنها این بحث را مطرح می کنند که، عنوان مسیح نباید فقط به عیسی در مسیحیت اطلاق بشود، بلکه همچنین به تمام بنیانگذاران ادیان دیگر هم باید این عنوان نسبت داده شود، (متی ۲۴:۲۳). از آن بدتر! کثرت گرایان دینی ادعا می کند که، مکاشفه خدا برای رستگاری و نجات، نه تنها در مسیحیت، بلکه در ادیان دیگر هم وجود دارد؛ اشتباه آنها در این است که تنها راه نجات را در مسیحیت نمی دانند، آنها معتقدند که .برای رسیدن به نجات و رستگاری راه ها متناوبی در ادیان دیگرهم وجود دارد

امروزه مردم دنیا، جنبش کثرت گرایی دینی را به عنوان نشانه ای بزرگ، برای تحقق صلح جهانی و امید برای نسل بشر پذیرفته اند. آنها توسط این تفکر که میگوید، وقتی که همه ادیان یکی شود، دیگر جنگ، تنش، و برخوردهای افراطی بین ادیان وجود نخواهد داشت فریب خورده اند. و به خاطراین امید کاذب، دنیا در حال حاضر در مسیر ایجاد یک دین متحده، یک دولت متحده، و یک اقتصاد متحده است. بشریت در تلاش است تا از راه منطقی، عملی، و مسالمت آمیز به این جامعه آرمانی یا مدینه فاضله دست پیدا کنند.

در دنیای مسیحیت، نه تنها گروه های لیبرال، بلکه برخی از کسانی که خود را پروتستان های انجیلی می خوانند به طور فعال در این جنبش.

غیر کتاب مقدسی شرکت دارند. آنها برای حمایت از این جنبش ها؛ صلح جهانی، کلیسای متحد جهانی، جنبش ادیان (The interfaith movement)، فعالیت های سازمان ملل متحد (interfaith pluralism)، کثرت گرایی ادیان (UN)، فعالیت های سازمان‌های مردم نهاد (NGO)، نهایت تلاش ... و غیره

خود را میکنند، آنها بر این باورند که با شکستن موانع بین کشورها، سازمان ملل و مذاهب، و با متحد کردن مردم، آنها می توانند بهشت زمینی که در آن انسانها با هم در همزیستی و مسالمت محبت گونه و احترام متقابل است را بسازند. با این تفکر، تکثیر گراهای دینی این ادعا را می کنند که، همه ادیان در اصل در خدمت همان خدای واحد هستند، در نتیجه پیروان همه ادیان نجات خواهند یافت، البته این باور کاملاً اشتباه و غلط است، ولی این تفکر نسبتاً عامه پسند و پرطرفدار گشته است.

عیسی مسیح پیشگویی کرد که، قبل از بازگشت ثانوی خود، کثرت گرایی دینی، به عنوان آخرین تلاش انسان گرایانه بشر پدیدار خواهد شد (انجیل متی ۲۴:۴/۵ ' مکاشفه ۶:۱/۲). اکثر مسیحیان، فریب این جنبش را خواهند خورد، وآنها گروه اقلیت را، که همان مسیحیان مخالف با این جنبش باشند را مورد جفا قرار خواهند داد (انجیل متی ۲۴:۹/۱۰). همزمان نبوت کتاب مقدس درباره رساندن پیام انجیل به همه قومها به پایان خواهد رسید. " و این بشارت پادشاهی در سرتاسر جهان اعلام خواهد شد تا شهادتی برای همهٔ قومها باشد. آنگاه پایان فرا خواهد رسید" (انجیل متی ۲۴:۱۴). در حال حاضر، امر بشارت انجیل به همه قومها طبق پیشگویی این آیه، به سرعت در حال پیشرفت است.

همه این وقایع اتفاق خواهد افتاد، زیرا که خداوند عیسی آنها را پیشگویی کرده است. این وقایع حتمی الوقوع بوده، و برای ادیان جهان اجتناب ناپذیر، چه در آغاز و شروع اولین آیین تاریخ بشر که همان آیین باستانی بابلیان باشد، و چه در"جنبش کثرت گرایی دینی" امروز. در این کتاب "منشأ ادیان"، ماهیت روحانی ومعنوی ادیان اصلی جهان، که همگی ریشه در آیین بابلیان دارند و اشتقاقی از این دین می باشند، پرده برداری خواهد کرد. این حقایق، فراهم کننده اطلاعات مفید و سودمندی برای مبشرینی که خود را متعهد به امر تبشیر در مناطق تبشیر نشده کرده اند می باشد. ، اطلاعاتی در خصوص پیشینه مذهبی ساکنان محلی منطقه خدمتی شان.

این کتاب نوشته نشده که به تأیید همه برسد، منظورمان فقط خوانندگانی که دارای آیین های متفاوتی هستند نمی باشد، بلکه بسیاری از خوانندگان مسیحی ممکن است با آنچه در این کتاب آمده است مخالفت
نشان بدهند. حتی در میان مسیحیان انجیلی، شبانان و الهیدانان، قطعا خوانندگانی وجود خواهد داشت که احساس ناخوشایندی در مورد محتوای این کتاب خواهند شد.

بهرحال، با این دیدگاه که کل تاریخ بشریت، تمرکز دارد بر نقشه عظیم نجات، هیچ کس قادر به جلوگیری از انجام اراده خدا نخواهد بود. کتاب مقدس به وضوح در پیدایش ۳:۱۵ پیشگویی (نبوت) می کند که جنگی بین عیسی

مسیح، نسل زن، و نسل شیطلان وجود خواهد داشت. از آنجا که این نبوت تحقق یافته است، شیطان در واقع همه این ادیان را جعل کرد تا بوسیله آنها به عیسی مسیح حمله کند. علاوه بر این شیطان قدرت نیروهای کثرت گرایی دینی را در درون مسیحیت متمرکز کرد، تا به هویت عیسی به عنوان نجات دهنده.

من قصد دارم سفری طولانی را با نگارش این کتاب شروع کنم، سفری که هویت خدا مسیحیت، هدف آفرینش، آفرینش و سقوط، نقشه عظیم نجات، و آخرت شناسی. از آنجایی که همه اینها درباره عیسی مسیح است ، کسی که "الف" و"یَ" است (اشعیا ۴۴:۶؛ مکاشفه ۱:۸ ' ۱۷؛ ۲:۸؛ ۲۱:۶؛ ۲۲:۱۳)، کسی که آغازگر و خاتمه دهنده تاریخ است. در این سفر، من کل تاریخ بشر را بطور وسیع مورد بحث وبررسی قرار خواهم داد، که تاریخ مسیحیت را هم شامل می شود. در این بحث وبررسی، من از دیدگاه اونجیکالی، با الهیات تاریخی، ،(Methodology - استفاده از روشهای علمی (متدولوژی الهیات سیتماتیک(روش مند)، الهیات کتاب مقدسی، و علم میسیون شناسی بااین اهداف برخورد خواهم کرد (missiology).

بسیاری هستند که خود را وقف چاپ این کتاب کرده اند. من اطمینان دارم که خداوند عیسی، شخصا به دعاها و خدمت آنها جواب خواهد داد، باشد که این کتاب نمک و نوری باشد برای خوانندگان، و به آنها کمک کند تا به حقیقت مطلق، عیسی مسیح برسند، در دورانی که فساد اخلاقی به اوج خود رسیده، که این نشانه نزدیکی زمان آخر می باشد.

۲۰۱۳ ژوئن
توماس هانگ

(پیدایش ۳:۱۵)

"میان تو و زن،
و میان نسل تو و نسل زن، دشمنی می‌گذارم؛
او سر تو را خواهد کوبید و تو پاشنهٔ وی را خواهی زد."

فصل ۱
آغاز آیین بابلیان

مقدمه
هویت شیطان
شکل گیری ادیان
آیین بابلیان
مار قدیمی، افعی، و شیطان
نتیجه

مقدمه

بعد از سقوط آدم، خدای یهوه که همان، عیسی خداوند در عهد جدید باشد، کلام نبوتی را به شیطان گفت، که فراتر از درک ما است، شیطان همان مار است (پیدایش ۳:۱) کسی که با وسوسه کردن آدم و حوا باعث سقوط آنها شد؛ "میان تو و زن، و میان نسل تو و نسل زن، دشمنی میگذارم؛ او سر تو را خواهد کوبید و تو پاشنهٔ وی را خواهی زد." (پیدایش ۱۵ :۳). مطابق این نبوت، در آینده بین نسل زن و نسل شیطان جنگی خواهد بود.

این آیه نبوتی ستون فقرات کتاب مقدس است. همانطور که همه استخوان ها و بافت های عصبی به ستون فقرات متصل هستند، بسیاری از آموزه ها و الاهیات مسیحی از این آیه نبوتی، پیدایش ۳:۱۵ تشکیل شده است. بر این اساس، بسیار مهم است که چگونه، گذاره (اصطلاح) کتاب مقدسی " نسل زن و نسل شیطان" را تفسیر می کنیم. به طور کلی سه تفسیر از سه دیدگاه در باب پیدایش ۳:۱۵ وجود دارد، ۱) تفسیر از دیدگاه "رستگاری شناسی"، ۲) تفسیر از دیدگاه "میسیون شناسی"، ۳) تفسیر از دیدگاه "تاریخ- مذهبی". میان این تفسیرها میتواند تفاوت اندکی وجود داشته باشد، این بستگی دارد به دیدگاه مفسر.

وقتی که ما از دیدگاه "رستگاری شناسی" به پیدایش ۳:۱۵ می نگریم، این نبوت، نقشه عظیم نجات تفسیر میشود، در این آیه که اظهاری به شیطان است، خداوند از نجات آدم و حوا، که سقوط کرده اند سخن می گوید. مطابق این نقشه، خداوند عیسی در نسل زن تجسم پیدا خواهد کرد (اشعیا ۷:۱۴ ؛ انجیل متی ۱:۱۸؛ رساله غلاطیان ۴:۴)، .و نسل شیطان در یهودا اسخر یوطی، و جنگ روحانی صورت خواهد گرفت. خداوند عیسی یهودای اسخریوطی را به عنوان یکی از دوازده شاگرد خود انتخاب کرد تا نبوت پیدایش ۳:۱۵ به انجام برساند. عیسی خداوند.

به شاگردان فرمود که یهودای اسخر یوطی همان شیطان است، اما شاگردان در آن زمان معنی آن را درک نکردند.(انجیل یوحنا ۶:۷۰/۷۱).

برای تحقق نقشه عظیم نجات خدا، شیطان به فلب یهودای اسخریوطی وارد شد (انجیل یوحنا ۱۳:۲۷). اگرچه یهودا، کسی که به خاطر سی سکه نقره به عیسی خیانت کرد(انجیل متی ۲۶:۱۶)، وقتی که یهودا دید که عیسی محکوم شد، او آن سی سکه نقره را در معبد بزرگ پرت کرد و بیزون رفته خود را حلق آویز کرد (انجیل متی ۲۷:۵). زکریا نبی در ۵۰۰ قبل از میلاد این را نبوت کرده (بود (زکریا ۱۱:۱۲/۱۳)، و این نبوت متحقق شد (انجیل متی ۲۷:۹/۱۰.

عیسی از طرف یهودای اسخر یوطی مورد خیانت قرار گرفت، و با دستها و پاهایی میخ کوب شده به صلیب کشیده شده (انجیل متی ۲۷:۳۵). و این نبوت که پاشنه "نسل زن" کوبیده میشود، تحقق پیدا کرد. اما "نسل زن" سر "نسل شیطان" را کوبید، عملی که جانگیر است، و با رستاخیزش بر شیطان پیروز (شد (انجیل متی ۲۸:۶؛ اول قرنتیان ۱۵:۴.

تفسیر بعدی پیدایش ۳:۱۵ از دیدانداز میسیون شناسی است، دیدگاهی که "نسل زن" را "مسیح و شاهدان او"، و "نسل شیطان" را "شیطان و پیروان او" معرفی مکند، و همین طور غیر مسیحیانی که او را خدمت میکنند. این تفسیر به عهد خداوند با ابرهیم (پیدایش ۱۲:۲/۳) متصل است، و ماموریت بزرگ (انجیل متی ۲۴:۱۴؛ ۲۸:۱۹/۲۰؛ اعمال رسولان ۱:۸). عهد خدای یهوه با ابراهیم که همان عیسی مسیح در عهد جدید باشد، وعده ای است که توسط خداوند عیسی، ۲۰۰۰ سال پیش، بعد از سقوط آدم به ابراهیم نبی داده شده است

مطابق تفسیر دیدگاه میسیون شناسی، زمانی که انجیل و ملکوت خدا به همه قوم های تبشیر نشده موعظه شود(اتجیل متی ۲۴:۱۴)، نسل زن که همان خداوند عیسی باشد، و شاهدان او بر شیطان غلبه و پیروز شده و به آسمان جدید و اورشلیم جدید خواهند رفت (مکاشفه ۲۱:۱). وبهرحال شیطان و پیروان او و همینطور غیر مسیحیان، کسانی که آنها را خدمت میکنند، به دریاچه آتش افکنده خواهند شد(جهنم- انجیل متی ۱۰:۲۸؛ انجیل مرقس ۹:۴۳ ' ۴۸؛ مکاشفه ۲۰:۱۰ ' ۱۴؛ ۲۱:۸) این است تفسیر از دیدگاه میسیون شناسی.

و تفسیر سوم از پیدایش ۳:۱۵ تفسیری است که از دیدگاه "تاریخ مذهبی" به آن می نگرد. این دیدگاه نظر به این دارد که "نسل زن" به عنوان " مسیحیت " در خدمت عیسی" و "نسل شیطان" به عنوان "آیین بابلیان و همه پیروان و همه انشعابات آن، که در خدمت شیطان هستند.

نویسنده مایل است در نگارش این کتاب، با نگرشی از دیدگاه سوم "تاریخ مذهبی" این کتاب را تألیف کند. "نسل شیطان" در کتاب مقدس به صورت مفرد نوشته شده است، و اگربه این کلمه به عنوان اسمی نامحدود بنگریم، در علم واژه شناسی میتواند " فرزندان شیطان" تفسیر شود.

همین طور "آیین بابلیان" اسمی است با حالت مفرد، که ممکن است همه

ادیان جهان مشتق شده از آن باشند. ادیانی از قبیل آیین یونان باستان (اساطیر یونان- Greek Mythology)، آیین روم باستانی (اساطیر روم - Roman Mythology)، اسلام، هندو، بودا، آیین، زرتشت، شینتو، کنفوسیوس، آیین شمن، (Animism- آیین تائو، آیین روح باوری (آنیمیسم یا جان‌گرایی (شمنیسم - Shamanism)، جنبش جنبش عصر جدید، جنبش آیین عامیانه، بهائیت، کثرت گرائی دینی، و غیره. به طور کلی همه این ادیان می توان در یک اسم خلاصه کرد؛ " بابِل بزرگ" (مکاشفه ۱۴:۸؛ ۱۶:۱۹؛ ۱۷:۱۵؛ ۱۸:۲)، "فاحشه بزرگ" (مکاشفه ۱۷:)، "مادر فواحش و زشتیهای زمین" (مکاشفه ۱۷:۵)، "وحشی" (مکاشفه ۱۳:۱ ' ۱۱).

این نبوت (پیدایش ۳:۱۵) به واقعیتی در تاریخ بشر تبدیل شد، و مردان وزنان، شیطان را به عنوان "خدای این جهان" خدمت کردند (دوم قرنیتان ۲:۲) یا به عنوان " رئیس این جهان" (انجیل یوحنا ۱۲:۳۱). بعدأ، وقتی زمان مقرر شده خداوند بیاید، (مکاشفه ۱۲:۱۲)، شیطان و فرزندان او، و کسانی که آنها را خدمت میکنند، به "دریاچهٔ آتش و گوگرد افکنده شد، جایی که آن وحش و نبی "کذّاب افکنده شده بودند. اینان روز و شب تا ابد عذاب خواهند کشید.

نقشه عطیم نجات در پیدایش ۳:۱۵ مطمئنا به وقوع خواهد پیوست، خدا همیشه نقشه های خود را عملی می کند (ایوب ۴۲:۲). در فصل اول این کتاب، ما به بررسی انگیز و فرایند چگونگی شروع پرستش و خدمت شیطان توسط انسانها خواهیم پرداخت، و چگونگی بوجود آمدن ادیان جهان. در این تحلیل و فراکافت، ما این را به اثبات می رسانیم که، منشاء و خاستگاه همه ادیان جهان "آیین بابلیان بوده است، و مغز متفکر آن "نسل شیطان است.

بخش اول
هویت شیطان

خدای دانای مطلق (اعمال رسولان ۲:۲۳؛ رومیان ۸:۲۹/۳۰؛ غلاطیان ۳:۸؛ اول پطرس ۱:۲) وجود شیطان و عملکردهای او را قبل از سقوط آدم و لوسیفر و حتی پیش تر از آن، قبل از آفرینش جهان تعیین و مقدر کرده بود.خدا مقدر کرده بود که بعد از سقوط آدم، عیسی مسیح به عنوان منجی به دنیا فرستاده شود تا قوم خدا را نجات دهد (دوم تیموتائوس ۱:۹؛ اول پطرس ۱:۱۹/۲۰).
این دانش متعلق به حوزه روحانی است و فراتر از درک انسان می باشد.
پولس رسول با اینکه خود مردی خردمند و روشنفکر بود، ولی توانایی درک آن را نداشت. برای همین بود که خدا به او گفت که این حکمت پنهان یا راز مسیح است (رومیان ۱۶:۲۵؛ اول قرنتیان ۲:۷؛ افسسیان۳:۴/۹؛ کولسیان ۱:۲۶/۲۷).
این راز تنها با مسح (اشعیا ۱:۶۱؛ دوم قرنتیان ۱:۲۱؛ اول یوحنا ۲:۲۰/۲۷)، تنور، و تعلیم روح القدس امکان پذیر است(انجیل یوحنا ۱۴:۲۶).

۱ : سقوط لوسیفر

خدا زمانی که آسمان ها و زمین را می آفرید فرشتگان را هم آفرید (پیدایش ۱:۱؛ ایوب ۳۸:۴/۷). نام مافوق فرشتگان، ابر فرشته(صدر الملائک)، "لوسیفر" نام داشت. در اصل اسم لوسیفر به معنای "حامل نور" می باشد. لوسیفر مورد عشق ویژه خدا قرار داشت، اورا همچنین "ستاره صبح" هم می نامیدند (اشعیا ۱۴:۱۲). او ابرکروبی مسح شده، خاتم کمال، مملّو حکمت و کامل جمال هستی، و مافوق فرشتگان بود(حزقیال ۲۸:۱۲/۱۴).
اما این لوسیفر مغرور شد، چرا که همه آن مزایایی که از آن بهرمند بود و لذت می برد را به طور رایگان و مجانی دریافت کرده بود (؛ اشعیا ۱۴:۱۳/۱۴؛ حزقیال ۲۸:۱۵/۱۹). به جای تشکر و تجلیل خدا به عنوان یک مخلوق با توجه به هدف خلقت، او قصد داشت که به مانند خدا شود و مورد جلال و تکریم قرار گیرد.
از آنجا که این عمل بر خلاف هدف آفرینش بود(اشعیا ۴۳:۷/۲۱؛ رومیان ۹:۵؛ کولسیان ۱:۱۶)، خدا لوسیفر را مجازات کرد. لوسیفر از آسمان سوم یا

بهشت به بیرون رانده شد، (اشعیا ۱۴:۱۲؛ حزقیال ۲۸:۱۶/۱۷؛ مکاشفه ۹:۱۲) وبه آسمان اول (هوا و اتمسفر) و آسمان دوم (کیهان یا فضا) [رجوع شود به نمودار شماره ۱ ، صفحه ۳۰] در آن زمان، حدود یک سوم از تمام فرشتگان همراه با لوسیفر از آسمان سوم رانده شدند (دوم پطرس ۲:۴؛ یهودا ۱:۶؛ (مکاشفه ۱۲:۴).

ممکن است این سئوال پیش آید که ، آیا خدای دانای مطلق (اعمال رسولان ۲:۲۳؛ رومیان ۸:۲۹/۳۰؛ غلاطیان ۳:۸؛ ا ول پطرس ۱:۲/۲۰) از سقوط لوسیفر، قبل از آفرینش آگاهی داشت؟ بله، او از آن آگاهی داشت. ما تعجب می کنیم که چرا خدای قادر مطلق (پیدایش ۱۷:۱؛ ارمیا ۳۲:۱۷/۲۷؛ مکاشفه ۱۵:۳ ' ۱۹:۶) از سقوط لوسیفر جلوگیری نکرد، و اجازه داد که او سقوط کند؟ چرا فوراً او را نجات نداد؟ یا چرا او را فوراً به جهنم نفرستاد؟ اگر خدا لوسیفر را فوراً به جهنم می فرستاد، هیچ گناهی وجود نداشت، آدم سقوط نمی کرد، و لزومی هم نبود که عیسی خداوند به این دنیا بیاید و برای گناهان ما جان خود را بدهد.

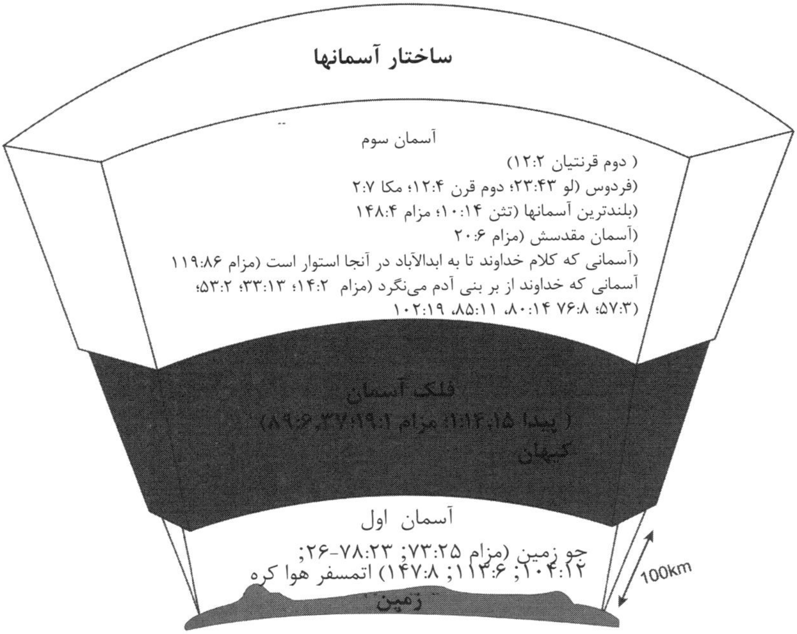

نمودار ۱ - ساختار آسمانها

یاداشت ۱: در کتاب اشعیا ۱۴:۱۲ داستانی است درباره "ستاره صبح" یا "پسر فجر" که ما آن را امروزه ونوس (ناهید یا زهره) می نامیم. واژه اصلی عبری میباشد، که به helel (Phonetic Spelling: hay-lale') ، ستاره صبح הֵילֵל معنای " حامل نور" است. این اصطلاح برای اولین بار در نسخه لاتینی کتاب به لوسیفر ترجمه شد. ولگاته، (Vulgate -مقدس به نام ولگاته (به لاتین Jerome -نسخه لاتین عهد عتیق از کتاب مقدس میباشد، که توسط "جروم تولد ۳۴۷ – متوفّی ۴۲۰) الهیدان قرن چهارم، از نسخه عبری به لاتین) " که همان (AV- Authorized Version) برگردان شد. همچنین در ترجمه میباشد، که در سال (KJV- King James Version) "ترجمه "جیمز پادشاه لوسیفر ترجمه شده است. در آغاز ، helel ۱۶۱۱ میلادی نوشته شد، واژه لوسیفر آفریده نشد که بعداً به شیطان تبدیل شود. او الگوی کمال، آکنده از حکمت، کامل در زیبایی، کروبی.

مسح شده، و والامقام در فرشتگان بود (حزقیال ۲۸:۱۲/۱۴). اما او بعد از سقوط، از آن زیبایی اسم لوسیفر محروم شد. در عوض نام شیطان به او داده شد، که به معنای "کسی که بر ضد خدا شورش کرد". کتاب مقدس چگونگی سقوط لوسیفر را در اشعیا ۱۴:۱۳ و حزقیال ۲۸:۱۵/۱۹ توصیف کرده است.

۲. اسم جدید لوسیفر

نام "لوسیفر" در اصل به معنای "حامل نور" میباشد. اسمی با شکوه و زیبا (اشعیا ۱۴:۱۲؛ حزقیال ۲۸:۱۲/۱۴). بعد از سقوط لوسیفر، هر چند، خدا او را از آن اسم محروم کرد و اسم دیگری به او داد، که شیطان باشد. ، یونانی این می باشد، که به معنای "کسی که به ضد خدا شورش کرد" Satanas اسم می باشد. لوسیفر قصد داشت که هم رتبه خدا بشود، و همه مخلوقات او را پرستش و ستایش کنند، که این عمل شورشی بر علیه خدا بود. و به همین دلیل اسم شیطان به او داده شد.
خداوند همچنین اسم دیگری به او داد "ابلیس" که از کلمهٔ یونانی "دیابلس گرفته شده است. این واژه "کسی که جدایی می افکند" معنی (Diabolos) می شود. همان طور که از این اسم نمایان است، لوسیفر مبدل به شیطان شد، ومقام او تا ابلیس تنزل کرد، کسی که مانع تحقق هدف آفرینش که همانا جلال دادن خدا باشد(اشعیا ۴۳:۷/۲۱؛ رومیان ۹:۵؛ کولسیان ۱:۱۶) می شود. او میان مخلوقات و خدا جدایی ایجاد میکند. او مخلوقات خدا را اغوا میکند، که خدا را خدمت نکنند، بلکه او و ملتزمین او را خدمت کنند در نام ادیان مربوطه. به این ترتیب شیطان را " کسی که جدایی می افکند" می نامیم. در واقع بنیانگذار آیین بابلیان، نوادگان ابلیس می باشد، نبوتی که خدای یهوه (همان عیسی خداوند در عهد جدید) به شیطان اعلام کرد.
به همین دلیل، کتاب مقدس لوسیفر سقوط کرده را "شیطان" یا "ابلیس" می نامد. (لوقا ۱۰:۱۸؛ یهودا ۱:۶). این دو اسم اشاره دارند به یک مخلوق، که همان لوسیفر باشد، که مقتضی به چهار چوب متن، "ابلیس" می تواند "شیطان" یا یکی از فرشتگان شریر و سقوط کرده که پیروان و ملتزمین شیطان می باشند، اشاره داشته باشد.
بعلاوه بر این، در کتاب مقدس از عبارات و اصطلاحات دیگر ه. هست که اشاره دارد به لوسیفر، مانند اژدهای بزرگ (مکاشفه ۱۲:۹)، یا مار کهن (مکاشفه ۲۰:۲)، رئیس این جهان (یوحنا ۱۲:۳۱)، خدای این عصر (دوم قرنتیان ۲:۲)، رئیس قدرت هوا (افسسیان ۲:۲)، فرشته چاه بی انتها (مکاشفه ۹:۱۱)، اَبَدون (مکاشفه ۹:۱۱) آپولیون (مکاشفه ۹:۱۱
اژدهای بزرگِ آتشگون (مکاشفه ۱۲:۳)، مدعی (۱۲:۱۰)، بَعَلزِبول، رئیس دیوها

(متی ۱۲:۲۴۳)، پادشاه بابل (اشعیا ۱۴:۴)، پادشاه صور (حزقیال ۱۲:۲۸)، رئیس مملکت پارس (دانیال ۱۰:۳)، فریبنده تمام جهان (مکاشفه ۱۲:۹). دلیل این که پولس رسول در دوم قرنتیان ۴:۴ شیطان را " رئیس این جهان" نامید، این است که، مردم این جهان در نام ادیان خود، لوسیفر سقوط کرده و نسل او را به عنوان خدا و خدایان خود پرستش میکنند. اولین آیین بشر، آیین بابلیان بوده است، و همه ادیان و مذاهب جهان فراگردی از این آیین اند. به عبارت دیگر، آیین بابلیان در طول تاریخ بشر به طور مداوم نام و چهره اش در حال تغییر و دگرگونی بوده، چهره هایی همچون، آیین یونان باستان (اساطیر یونان- Greek Mythology)، آیین روم باستانی (اساطیر روم - Roman Mythology)، هندو، بودا، آیین، زرتشت، شینتو، کنفوسیوس، اسلام، آیین شمن (Animism- آیین تائو، آیین روح باوری (آنیمیسم یا جان‌گرایی (شمنیسم - Shamanism)، آیین های عامیانه، بهائیت، جنبش عصر جدید، جنبش کثرت گرائی دینی، و غیر... همه این ادیان چیزی نیستند مگر، مشتقاق و انشعاب هایی از آیین بابلیان. به این ترتیب لوسیفر سقوط کرده انسان ها در نام ادیان فریب داده، و به طور مداوم و پیوسته انسان ها را اغوا می کند که در خدمت او باشند. خدایان در آیین بابلیان، مقتضی با منطقه و شرایط اقلیمی، فرهنگی، و قومیتی تغییر شکل داده، و نا م و چهره خود را با شرایط متفاوت محیطی، و فرهنگی تطبیق میدهند. به این دلیل است که این خدایان، دراسمها و قالب بندی های متناوبی به چشم می خورند.

هر آیینی در چهار چوب خود مستقل است، اما عیسی مسیح پیشگویی کرد که، قبل از آمدن ثانوی اش، جنبشی پدید خواهد آمد که همه ادیان را در زیر یک چتر با هم متحد خواهد کرد (متی ۲۴:۴ -۵:۲۳/۲۸؛ مکاشفه ۶:۱/۲). همین طور نبوتی به یوحنای رسول داده شد که این دین واحد و پکپارچه "بابِل بزرگ" نامیده میشود (مکاشفه ۱۴:۱۸؛ ۱۸:۲)، "فاحشه بزرگ" (مکاشفه ۱۳:۱) " بابِل بزرگ، مادر فواحش و زشتیهای زمین" ۰ ۰مکاشفه ۱۷:۵)،"مدعی" مکاشفه ۱۳:۱/۱۱). این جنببش که توسط مسیحیان رهبری خواهد شد، کثرت گرایی دینی نام دارد،که منجبر به بازگشت به آیین بابلیان خواهد شد. این نظریه توسط "جان هیک John Hick، که ۱۹۲۲-۲۰۱۲- میلادی) ابداع شد، که الهیدان- liberal) آزاد اندیش (لیبرال بود. قبل از ظهور ثانوی عیسی مسیح (مکاشفه ۱۹:۱۱/۱۶)، "بابِل بزرگ" داوری و محکوم خواهد شد، و در یک لحظه نابود خواهد گشت. این نبوت عیسی خداون داست به یوحنای رسول (مکاشفه ۱۸:۱۰).

C. وسوسه سقوط لوسیف

در پیدایش (۱: ۱ - ۲؛ ۲: ۷، ۲۲) خداوند آدم و حوا آفرید. و به آدم امر کرده، گفت: «شما می‌توانی از هر یک از درختان باغ آزادانه بخوری؛ اما از درخت شناخت نیک و بد زنهار مخوری، زیرا روزی که از آن خوردی به‌یقین خواهی مرد.» (پیدایش ۲:۱۷). و در باب ۳ کتاب پیدایش می بینیم که لوسفیر پیش از این سقوط کرده. کتاب مقدس تاریخ دقیق سقوط او را مشخص نکرده است، چیزی که ما می دانیم این است که، خداوند فرشتگان را قبل از آفرینش زمین خلق کرده بود (ایوب ۳۸:۴/۷). لوسیفر قبل از وسوسه کردن حوا، به علت شورش علیه خدا، سقوط میکند.

شیطان، آدم و حوا را در باغ عدن وسوسه کرد که اگر از میوه ممنوعه درخت شناخت نیک و بد بخورند، شما مانند خدا می شوید، چرا که که خدا می‌داند روزی که از آن بخورید، چشمان شما باز خواهد شد و همچون خدا شناسندهٔ نیک و بد خواهید بود(پیدایش ۳:۵). زن، فرمان خدا را نادیده گرفت و به دنبال نظر و پیشنهاد شیطان و همینطور به دنبال خواست دل خود، از میوهٔ ممنوعه درخت شناخت نیک و بد گرفت و خورد، و به شوهر خویش نیز که با وی بود (داد، و اوهم از آن میوه خورد (پیدایش ۳:۶.

آدم اشتباه لوسیفر را تکرارکرد، و با خوردن میوه ممنوعه، قصد آن را کرد که با خد برابر شود (پیدایش ۳:۵/۶). تمایل برابری با خدا، و پرستش شدن توسط دیگر مخلوفات، تناقص دارد با هدف آفرینش (اشعیا ۴۳:۷/۲۱؛ رومیان ۹:۵؛ کولسیان ۱:۱۶). موجوداتی که توسط شیطان وسوسه شده و هدف آفرینش را نقض می کنند، قیمت بسیار گزافی را به عنوان پی آمد باید پرداخت کنند.

بعد از سقوط و زوال آدم که نتیجه نافرمانی و نقض هدف آفرینش بود، او و همسرش حوا، از باغ عدن اخراج شدند. آنها از ابدیت به دار فنا سقوط کردند، و ازآن زندگی جاودان محروم شدند (پیدایش ۲:۷). آدم و حوا در سیر پیر شدن قرار گرفتند، و آدم در سن ۹۳۰ سالگی مرد (پیدایش ۵:۵). در واقع سقوط ، فناپذیری، و مردن او، نشانه و علامتی است از محکومیت او. آدم کسی که الان در سیر سالخوردگی، پیری، و مرگ قرار گرفته، مجبور است تمام عمرش با رنج و زحمت بر روی زمین لعنت شده، برای کسب معاش کار کند، و تا آخر عمر با عرق پیشانی اش نان بخورد. و خداوند به زن فرمود «درد زایمان تو را بسیار افزون گردانم؛ با درد، فرزندان خواهی زایید. اشتیاق تو به شوهرت خواهد (بود، و او بر تو فرمان خواهد راند» (پیدایش ۳:۱۶/۱۹.

و در پیدایش ۳:۲۲/۲۴ میخوانیم که: " یهوه خدا فرمود: «اکنون آدم همچون یکی از ما شده است که نیک و بد را میشناسد. مبادا دست خود را دراز کند و از درخت حیات نیز گرفته بخورد و تا ابد زنده بماند.» ۲۳ پس

یهوه خدا آدم را از باغ عدن بیرون راند تا بر زمین که از آن گرفته شده بود زراعت کند. ۲۴ پس آدم را بیرون راند، و در جانب شرقی باغ عدن کروبیان را قرار داد و شمشیری آتشبار را که به هر سو میگشت، تا راه درخت حیات را پاس بدارد." از آنجا که خدا قصد نداشت آدم را فوراً از دار فنا نجات بدهد، به او اجازه نداد که دوباره به باغ عدن بازگردد و از میوه درخت حیات بخورد.
از آن زمان به بعد شیطان (لوسیفر سقوط کرده)، فریبکاری خود را ارامه داده و انسانها را در نام ادیان فریفته، تا آنها او را پرستش کنند. چرا لوسیفر دست به چنین عملی، که شورش علیه خدا باشد زد؟ بعد از سقوط لوسیفر، او از آسمان سوم رانده شد (اشعیا ۱۴:۱۲؛ خزقیال ۲۸:۱۶؛ دوم پطرس ۱۲:۵)، و از عشق به خدا محروم شد. او یک فرشته کامل و بسیار زیبا بود، بالاترین مقام در بین فرشتگان (حزقیال ۲۸:۱۲/۱۴). او نسبت به موجودات دیگر که توسط خدا مورد عشق و محبت قرار می گرفتند، به شدت حسادت ورزید (حسادت ویژگی بنیادی شیطان است) بنابراین، او آنها را فریب داد، تا او را به جای خدا پرستش، جلال، و تکریم کنند
اگر شیطان در باغ عدن حضور نداشت، این رویداد وحشتناک رخ نمی داد.و نیازی به طرح نقشه نجات توسط خدا (پیدایش ۳:۱۵) و آمدن عیسی مسیح به این جهان و مردن او بر روی صلیب نبود. اما خدا اجازه داد که شیطان در باغ عدن حاضر باشد (پیدایش ۳:۱). و یک چنین جنایت هولناکی را مرتکب شود.
علاوه بر این، خدا تمام این رویداها را قبل از آفرینش از پیش مقدر کرد بود (دوم تیموتائوس ۱:۹؛ اول پطرس ۱:۱۹/۲۰) و به ما می آموزد که این حکمت پنهان خدا یا راز مسیح است، که عقل محدود انسان نمی تواند آن را درک کند (رومیان ۱۶:۲۰؛ اول قرنتیان ۲:۷؛ افسسیان ۳:۴/۹ ؛کولسیان ۱:۲۶/۲۷).

D. چرا خداوند اجازه داد که شیطان اعمال شریرانه انجام دهد؟

این سوالات ممکن است مطرح شود که، چرا خدای قادر مطلق (اعمال رسولان ۲:۲۳؛ رومیان ۸:۲۹/۳۰؛ غلاطیان ۳:۸؛ اول پطرس ۱:۲/۲۰) یک چنین شرارت پلیدی را از پیش مقدر کرد است؟ از آنجا که خدا فادر مطلق است(پیدایش ۱۷:۱۰؛ ۱۸:۱۴؛ ارمیا ۳۲:۱۷؛ متی ۱۹:۲۶ ؛ مکاشفه ۱۵:۳)، به راحتی می تواند از سقوط لوسیفر جلوگیری کند! بله او قادر به.
این کار است. پس چرا اجازه داد که این اتفاق نا گوار حادث شود؟ یا چرا، خدا لوسیفر را بلافاطله به دریاچه آتش نیفکند؟ اگر لوسیفر و پیروان او بلافاصله بعد از سقوط به دریاچه آتش افکنده می شدند، آسمان اول و دوم به نابودی کشیده نمی شد، و آدم هم سقوط نمی کرد؛ درنتیجه، عیسی مسیح هم مجبور

نبود به این دنیا بیاید تا آدم و نسل او را نجات دهد. دلیلی روشن و واضح وجود دارد که مشخص می کند، چرا خدا اجازه دا د، تمام این حوادث اتفاق بیافتد. این طرح الهی خدا بود که با استفاده (ابزاری) از لوسیفر سقوط کرده، هدف آفرینش که همانا جلال آفریدگار باشد را به انساها آموزش دهد.
این طرح آموزش قبل از آفرینش طراحی شده بود، طرح آموزش خدا شامل:
۱) لوسیفر باید سقوط کند، ۲) آدم باید سقوط کند، ۳) لوسیفر سقوط کرده باید به عنوان خدای این جهان به قدرت برسد (دوم قرنتیان ۴:۴)، ۴) لوسیفر سقوط کرده باید رهبر ادیان این جهان باشد، ۵) عیسی مسیح باید جسم بپوشد و لوسیفر سقوط کرده را به دریاچه آتش بیاندازد. خدا به منظور تحقق برنامه و هدفش، اجازه داد که لوسیفر سیرت حسادتش را بسط و پرورش دهد.
به منظور این کار، خدا یک طرح آموزشی ۷۰۰۰ ساله (از زمان سقوط آدم تا روز داوری نهایی) طرح کرد. و از آنجا که درک آن توسط عقل و خرد انسان امکان پذیر نیست، هدایت و کمک روح القدس برای درک این آن ضروری است.

۱.اعاده شدن و مرمت هدف آفرینش (اشعیا ۴۳:۷/۲۱؛ رومیان ۹:۵؛ کولسیان ۱:۱۶)

خدای قادر مطلق پیش از آفرینش لوسیفر، می دانست که، لوسیفر سقوط خواهد کرد. گرچه خدا می دانست که لوسیفر بعد از سقوط اش آدم را وسوسه خواهد کرد، با این حال او را که به شکل مار به نظر می رسید را در باغ عدن قرار داد (پیدایش ۳:۱)، و اجازه داد که آدم گناه وحشتناکی مرتکب شود، که همانا نقض هدف آفرینش باشد. به عبارت دیگر، لوسیفر باید سقوط می کرد، و آدم هم باید توسط لوسیفر وسوسه می شد و سقوط می کرد.
خدا محدودیت مخلوقاتش را می داند. وقتی مخلوقات، زندگی ابدی، جلال های مختلف، جایگاه والا، و راحتی را رایگان دریافت کنند. این برکات و امتیازات رایگان، مخلوقات را ملزم می کند که، احترام عمیق و قدردانی.
خود را نسبت به خالق خدا از دست بدهند، و هدف خلقت را فراموش کنند. این محدودیت ماست. درس همانطور که ما به راحتی فراموش می کنیم که برای هدایای رایگان از قبیل، هوا، نور خورشید و آب از خداوند تشکر کنیم، به همین ترتیب همه مخلوقات، وقتی به طور رایگان از همه مزایای خداوند لذت می برند، متکبر شده و خالقی را که آنها را خلق کرده را به دست فراموشی می سپارند. خداوند تصمیم گرفت تا اهمیت هدف آفرینش را به انسان ها از

طریق فرایند نجات به آنها گناه بیاموزد. همه انسانها گناهکارند (۳:۲۳) به خاطر گناه آدم، رابطه انسانها با خدا قطع گشته، و در زندگی مملو از ناامیدی قرار گرفتند. و همانطور که در مسیر فرایند بخشش گناهان و بازخرید شدن، بواسطه خون عیسی مسیح را تجربه می کنند، (اول پطرس ۱:۱۸/۱۹)، به تدریج از عشق و محبت و بزرگ منشی خدای خالق آگاه می شوند (۱ یوحنا ۴:۸/۱۶؛ رومیان ۱۱:۳۳)، و همین طور از هدف آفرینش (اشعیا ۴۳:۷/۲۱؛ (رومیان ۹:۵؛ کولسیان ۱:۱۶.

این اراده و مایه مسرت خداوند است که مخلوقات، طبق هدف آفرینش زندگی کنند. مخلوقات، زمانی خوشبختی واقعی را تجربه خواهند کرد که بر اساس این هدف زندگی کنند. فرزندان خدا، کسانی که از این حقیقت آگاهی پیدا کرده اند، هیچ گاه با بی دقتی و بی توجهی با آن برخورد نخواهند کرد، و در ملکوت ابدی هرگز در رعایت آن قصور نخواهند کرد. در این صورت است که آنها قادر خواهند بود مسئولیتی استثنایی، که خدا به آنها محول کرده است را، به عنوان شریک به انجام برسانند.

خدا در میان مخلوقات حق ویژهای را به انسان داد است. هنگامی که خدا انسان را افرید، او را به شباهت خود خلق کرد. خدا می خواست که با انسان مشارکت داشته باشد. خداوند افتخار استثنایی همکاری با خدا را، که مدیریت و حکمرانی بر همه مخلوقات باشد را به انسان داد (پیدایش ۱:۲۶/۲۸). از این رو، انسان باید به طور کامل تری هدف آفرینش را درزندگی خود به انجام برساند. به منظور آموزش انسان از این امر مهم، خدا طرح ویژه ای ریخت، که در این راه از استفاده از شیطان کند. این صرح ویژه در پیدایش ۳:۱۵ ثبت شده است.

۲.نقشه پنهان خدا

بعد از سقوط آدم، خدا نقشه بزرگ نجات رادر پیدایش ۳:۱۵ اعلام کرد. این پیشگویی است که عیسی مسیح، نسل زن، جسم خواهد پوشید، و این نقشه را به عملی میکند. شیطان و نسل شیطان هم بخشی از این نقشه است این نقشه را نمی توان با عقل و خرد.

انسانی درک کرد، این نقشه پنهان خداوند است. در واقع این موضوع به حیطه حاکمیت خدا مربوط می شود. عیسی، حاکمیت خدا را خیلی روشن و واضح برای شاگردان توضیح داد؛ " آیا حق ندارم با پول خود آنچه میخواهم بکنم؟ آیا چشم دیدن سخاوت مرا نداری؟"(متی ۲۰:۱۵). عیسی همچنین با استفاده از مثال کوزه گر در مورد حاکمیت خود را به پولس رسول توضیح می دهد : " آیا

کوزهگر اختیار ندارد که از تودهگِلی واحد، ظرفی برای مصارف مهم و ظرفی دیگر برای مصارف معمولی بسازد؟ ۲۲ چه میتوان گفت اگر خدا با اینکه میخواهد غضب خود را نشان دهد و قدرت خویش را نمایان سازد، ظروفِ مورد غضب را که برای هلاکت آماده شدهاند با بردباری بسیار تحمل کند، ۲۳ تا بتواند عظمت جلال خود را بر ظروفِ مورد رحمت معلوم گرداند، ظروفی که آنان را پیشاپیش برای جلال آماده کرده است؟" (رومیان ۹:۲۱/۲۳ ترجمه هزاره نو). پولس زسول می بایست در مقابل حاکمیت مطلق خدا به زانو در می آمد
کتاب مقدس انسانها را به دو گرو تقسیم میکند. فرزندان خد (یوحنا ۱:۱۲؛ اعمال رسولان ۱۸:۱۰؛ رومیا ن ۹:۲۳؛ اول یوحنا ۳:۱۰؛ مکاشفه ۲۰:۱۲) و فرزندان شیطان (رومیان ۹:۲۲؛ دوم پطرس ۲:۱۲ ، ۱۴ ، ۱۹؛ اول یوحنا ۳:۱۰؛ مکاشفه ۲۰:۱۲؛ ۲۱:۸). اکثریت انسانها فرزندان شیطان اند و تنها اقلیتی از آنها فرزندان خدا هستند، کسانی که طبق پیش تعیینی خدا، نجات می یابند (زکریا ۱۳:۸؛ لوقا ۱۳:۲۳/۲۴؛ مکاشفه ۲۰:۱۲). این است آموزش کتاب مقدس، الیهات پولسی و کالوینیسم،

(Benjamin B. Warfield. Perfectionism, in Biblical Doctrines, Grand Rapids, MI: Baker, ۱۹۶۲. pp. ۶۴–۶۲).

در نقشه ای که طبق حاکمیت مطلق خدا طراحی شده، خداوند عیسی، برای نجات آدم و نسل آدم به این دنیا آمد. و در نقشه طراحی شده خدا، شیطان نقش "خدا در این جهان" را ایفا کند (دوم قرنتیان ۴:۴) تا زمانی که همه فرزندان از پیش انتخاب شده خدا (یوحنا ۶:۳۹؛ ۲:۱۷؛ رومیان ۸:۳۰؛ دوم تیموتائوس ۲:۱۰) توسط خداوند عیسی نجات یابند (متی ۲۴:۱۴). وقتی که زمان مقرر بیاید (مکاشفه ۱۲:۱۲)، شیطان، پیروانش و فرزندانش، کسانی که دیگر به کار نمی ایند را به جهنم افکنده خواهند شد، طبق نقشه طراحی شده (مکاشفه ۲۰:۱۰).

این نقشه باید در طول زمانی ۷,۰۰۰ سال انجام پذیرد. از دیدگاه انسانی، این ۷,۰۰۰ سال از زمان سقوط آدم شروع شده (۴,۰۰۰ قبل از میلاد)، که بعد از آن نوح (۳,۰۰۰ قبل از میلاد)، سپس ابراهیم (۲,۰۰۰ قبل از میلاد)، و داود (۱,۰۰۰ قبل از میلاد)، و مسیح (۴ میلادی)، وبعد جدایی کلیسای غربی و
شرقی (۱,۰۰۰ میلادی) و تا به امروز (۲,۰۰۰میلادی) و در نهایت به ملکوت ۱,۰۰۰ ساله که در آینده بوقوع خواهد پیوست ختم میشود. این کل دوره ۷,۰۰۰ ساله است. پس از پایان ۷,۰۰۰ سال، فرزندان خدا کسانی که نجات یافنه اند، وارد آسمان جدید و زمین جدید میشوند (مکاشفه ۲۱:۱۹). این نو ساز ی عدن است. شیطان در اولین باغ عدن بود (پیدایش ۳:۱)، اما در عدن جدید شیطان وجود ندارد (مکاشفه ۲۲:۱/۵). از آنجا که ماموریت شیطان در آن زمان به پایان رسیده است، خداوند او را به جهنم خواهد فرستاد(مکاشفه ۲۰:۱۰).
عدد ۷ در کتاب مقدس، عدد کامل خدا است. هدف از برنامه ۷,۰۰۰ ساله خدا

این بود، که فرزندان خود را برای زندگی ابدی در باغ عدن، که همانا آسمان جدید و اورشلیم جدیدم می باشد، آموزش داده ،آماده کند (مکشفه ۲۱:۱). به طوری که آنها نسبت به هدف آفرینش، بی توجه و وظیفه نشناس نباشند، بلکه از طریق این تجربه، اهمیت آن را درک کرده، از آن اطاعت کنند. این نقشه با قربانی شگرف خدای پسر (خداوند عیسی) به اجراء در آمد. امید قاطع خداوند، از داشتن رابطه ای عاشقانه و محبت آمیز با مخلوقات را، به راحتی میتوان در این نقشه مشاهده کرد. از دیدگاه انسانی، ۷,۰۰۰ سال زمان بسیار طولانی است. اما از منظر ابدیت، تنها یک لحظهکوتاه می باشد (مزامیر ۹۰:۴۰؛ دوم پطرس ۳:۸)، یا تنها یک نقطه کوچک نامرئی.

E. چرا خداوند لوسیفر را نجات نداد؟

چرا خداوند فقط آدم را نجات داد و برای نجات لوسیفر وارد عمل نشد؟ برای پاسخ به این پرسش، ما باید اول خصائص، وظایف، و عملکردهای فرشتگان و انسان را با هم مقایسه کنیم. اول، فرشتگان نقش متفاوت از آنچه که آدم و فرزندان او داشته اند را دارا هستند. فرشتگان خدمتگذاران تدبیر الهی در ارتباط با قوم خدا و کلیسا هستند. آنها موجوداتی روحانی اند که وظیفه آنها، خدمت به کسانی است که نجات رابه ارث می برند، فرزندان خدا (عبرانیان ۱:۱۴؛ مکاشفه ۲۲:۸/۹). چگونگی خلقت آدم و فرشتگان با هم متفاوتند. خداوند فرشتگان را به شباهت خودش خلق نکرد. در هیچ جای کتاب مقدس نیامده که خدا روح حیات را در فرشتگان دمید باشد. علاوه بر این، خداوند به آنها از امتیاز وراثت برخودار نیستند. در حالی که این امتیاز را فقط به فرزندان خود (نجات یافته گان) عطا کرد. به همین دلیل است که خدا لوسیفر را بعد از مغرور شدنش از ملکوت آسما ن اخراج کرد. شبیه به.

این می ماند که یک کارگر در برابر کارفرمای ارشد خود دست به شورش بزند، که پی آمد آن اخراج کارگر میباشد.
در مقابل، آدم مخلوق خاصی بود که با خدا در مشارکت و ارتباط بود. خدا انسان را به شباهت خود خلق کرد (پیدایش ۲:۳)، و حق وراثت را به عنوان فرند خدا به او عطا کرد (یوحنا ۱:۱۲؛ رومیان ۸:۱۰/۱۷). شراکت با خدا، مقامی بود که آدم از آن برخوردار شد. تا خدا را دوست داشته باشد و مورد محبت خدا قرار گیرد. او مسئولیت تسلط، کنترل، و حاکمیت برهمه مخلوقات را به آدم عطا کرد. و آدم به عنوان شریک خدا، می بایست همه مخلوقات را در مسیر تحقق (هدف آفرینش مدیریت، آموزش، و هدایت می کرد ۰پیدایش ۱:۲۸

خداوند آدم را آفرید، تا با او رابطه عاشقانه و محبت آمیز داشته باشد. در پیدایش ۱:۳۱ مشاهده می کنیم، هنگامیکه خدا آدم را آفرید، خلقت آدم در نظر خدا از هر لحاظ عالی آمد، و خداوند از خلق کردن آدم بسیار خشنود گشت. به همین دلیل است که خداوند این نقشه را طرح میکند، ودر این نقشه ازشیطان و نسل او استفاده ابزاری میکند تا رابطه عاشقانه و محبت آمیز بین خود و آدم را دوباره احیا کند. و از طریق شیطان، پیروان، و فرزندان او، به آدم و نسل آدم اهمیت هدف آفرینش را بیاموزد.

بخش دوم: شکل گیری ادیان

خدا اجازه داد تا انسانها لوسیفر سقوط کرده و پیروان او را به عنوان "خدای این جهان" خدمت بکنند (دوم قرنتیان ۴:۴). این طور بود که ادیان جهان شکل گرفتند. به منظور بررسی ادیان، ابتدا ما باید درباره باغ عدن بیشتر آگاهی پیدا کنیم (پیدایش ۲:۸)، مکانی که زادگاه بشر است. پس از آن ما چگونگی تأسیس و توسعه ادیان توسط انسان بعد از طوفان بزرگ نوح را مورد مطالعه و بررسی قرار خواهیم داد (۲۵۴۸
قبل از میلاد، پیدایش ۷:۱/۲۴.)

A. زادگاه اولین انسان

کتاب مقدس در پیدایش ۲:۱۰/۱۵ زادگاه اولین انسان را این گونه ثبت کرد
ه است: "رودخانهای از عدن بیرون میآمد تا باغ را آبیاری کند و از آنجا به چهار شاخه منشعب میشد. ۱۱ نام رودخانهٔ اول فیشون است که سرتاسر سرزمین حَویلَه را که در آنجا طلا است دور میزند. ۱۲ طلای آن سرزمین نیکوست، و در آنجا صَمْغ خوشبو و سنگ جَزَع یافت میشود. ۱۳ نام رودخانهٔ دوم جیحون است که سرتاسر سرزمین کوش را دور میزند. ۱۴ رودخانهٔ سوم دجله نام دارد که در شرق آشور جاری است، و رودخانهٔ چهارم فرات است.
۱۵ یهوه خدا آدم را برگرفت و او را در باغ عدن نهاد تا کار آن را بکند و از آن نگاهداری نماید." دو رودخانه ثبت شده در این آیات، رودخانه فرات و رودخانه دجله، هنوز هم وجود دارد، و به نظر می رسد که آن دو رودخانه دیگر توسط تحولات ارضی زمین (تراگردی) پس از توفان بزرگ از بین رفته باشند (۲۴۵۸ (ق.م.، پیدایش ۷:۱/۲۴).

دو نظریه عمده در مورد محل باغ عدن وجود دارد. نظریه اول "نظریه شمالی" نام دارد. معتقدان این نظریه ادعا میکنند که باغ عدن در منطقه شمال شرقی کشور ترکیه، نزدیک به رشته کوه آرارات قرار داشته است.
نظریه دوم، "نظریه جنوبی" نام دارد. معتقد ان نظریه دوم بر این باورند که

باغ عدن در دلتایی که از پیوستن رود دجله و فرات پدید آمده بوده و در فاصله ۱۹۰ کیلومتری شمال غربی خلیج فارس، در کشور عراق قرار داشته است. این مکان بین النهرین (Mesopotamia) و سرزمین ابا و یا بابل نامیده شد. اجدادی ابراهیم نبی، شهراور از کلدان، و همچنین مکانی که برج بابل ساخته شد (پیدایش ۱۱:۹)، در کتابهای تاریخی درسی آمده که منطقه بین النهرین زادگاه اولین تمدن بشری بوده است. (Refer to Map ۱)

نقشه ۱. دو نظریه در ارتباط با بودگاه باغ عدن

yatsa "چهار رودخانه از باغ عدن بیرون آمدن . واژه عبری "بیرون آمدن نام دارد، که به معنای "(آب) بیرن آوردن جهت نمایش" یا "(آب) ملاقات کردن." بنابراین، بودگاه عدن باید جایی باشد که این چهار رود با هم ملاقات میکنند.و به همین دلیل، معقول است که فکر کنیم، عدن در منطقه دلتای جنوبی بوده باشد (مراجعه شود به نقشه ۱). نظریه اساسی دیگری که از این "نظریه جنوبی" پشتینانی می کند، ذخایر غنی نفتی که در منطقه وجود دارد. بر طبق این نظریه اساسی، در حومه باغ عدن جمعیت بزرگی از انسانها، تعداد زیادی از حیوانات، درختان، و کوه ها و مخلوقات دیگر وجود داشته است. و هنگامی که طوفان بزرگ رخ می دهد، به دلیل زمین لرزه، سیل و شکافهای ناشی از آن همه جانداران به یکباره مدفون می گردند (پیدایش ۷:۱۱). متخصصان می گویند زمانی که موجودات زنده توسط خاک، گل، و رسوبات مدفون شوند و تحت فشار و دمای بالا و نبودن اکسیژن در مدت طولانی قرار بگیرند، تبدیل به نفت می شوند. امروزه بیشترین ذخائر نفتی را کشورهای حوزه خلیج فارس دارا هستد. سرزمین بین النهرین، عراق امروزی که در مجاوردت خلیج فارس می باشد، دارای ذخایر نفتی بسیاری هست. با در نظر گرفتن این واقعیت،بدگاه "نظریه جنوبی" قانع کننده تر است.

B. ظهور نمرود

پس از طوفان نوح (۲۴۴۵ ق.م. پیدایش ۷:۱/۲۲۴)، زمینه های تأسیس ادیان پی ریزی شد. ما در کتاب پیدایش باب ۱۰ که حدود هفتاد نفر از فرزندان و نوادگان نوح را مشاهده می کنیم. در میان سه پسر نوح، "سام" که قومهای آسیایی از نسل او هستند (پیدایش ۱۰:۲۱/۳۱)، "یافث" که اروپائیان از نسل تو هستند (پیدایش ۱۰:۲/۵)، و "حام" که آفریقائیان از نسل او هستند (پیدایش ۱۰:۶/۲۰). به نظر می رسد که آن هفتاد نفر در منطقه خاور میانه امروز پراکنده شده باشند (مراجعه شود به نقشه ۲). اگر ما دوباره باب ۱۰ از کتاب پیدایش را مورد بررسی قرار بدهیم، مشاهده می کنیم که این باب توضیح مفصلی از شخصی به نام نمرود به ما می دهد (پیدایش ۱:۸/۱۲۳). چرا خدا به طور خاص در مورد "نمرود" پسر ششم "کوش" به ما توضیح می دهد؟ این به این دلیل است که نمرود، نوه حام، بنیانگذار آیین بابلیان خواهد شد. اولین آیین سازمان یافته بشریت. خلاصه زیر، چگونگی اتفاق این رویداد را شرح می دهد .

اولین پسر حام "کوش" نام داشت، کوش شش پسر داشت (پیدایش ۱۰:۷/۸). پنج نفر از آنها در مناطق عربی و آفریقایی مهاجرت کرده در.

آن مناطق پراکنده شدند. اما نمرود در منطقه عراق امروز در نزدیکی رود دجله و فرات مستقر شد. طبق روایت های تاریخی، نمرود بخصوص با جوان ،ترین عموی خود "کنعان" دوستی نزدیکی داشت.
کنعان هنگامی که پدر بزرگ خود نوح، با شراب مست شده ، برهنه در چادر خوابیده بود را به اتفاق پدرش حام دید، و آنها به جای پوشاندن نوح، به اشتباه رفته این خبر را به سام و یافث رساندن . و به همین خاطر، کنعان پسر حام (توسط پدربزرگ خود نوح نفرین شد (پیدایش ۹:۲۵ .
پس از آن، حام رابطه خوبی با پدر بزرگ خود نوح داشت. بخصوص زمانی که اولین پسر حام، کوش صاحب آخرین پسر خود نمرود شد، در این زمان به نظر می رسد که ناراحتی حام به اوج خود می رسد. بنابراین او اسم نوه اش رانمرود می گذارد، که به معنای "بیاید شورش کنیم"، یک نام بسیار سرکش اسرائیل ۵، ۱۹۵۸. ص. Eretz ،در جستجوی نمرود .EA Speiser) و مبارز ۳۲-۳۶). نمرود از دوران جوانی دارای شخصیتی سرکش بود. او شجاع بود و به خوبی می جنگید، و در آن منطقه کسی توانایی مقابله با او را نداشت. به همین دلیل است که کتاب مقدس میگوید "نمرود سلحشوری را در جهان آغاز (کرد." (پیدایش ۱۰:۸- ترجمه هزاره نو.
در آن دوران به خاطر طوفان بزرگ نوح، تغییرات شدیدی در ضروریات و احتیاجات زندگی انسانها رخ داد. از قبیل تغییر کردن رژیم غذایی و لباس وسرپناه. در ابتدا، انسان طوری خلق شده بود که فقط می بایست از میوهای دانه دار تغذیه کند. " آنگاه خدا گفت: «اینک همهٔ گیاهان دانهدار را که بر روی تمامی زمین است و همهٔ درختان برخوردار از میوهٔ دانهدار را به شما بخشیدم تا خوراک شما باشد." (پیدایش ۱:۲۹). و بعد از سقوط آدم، خداوند او را مجاز کرد تا از گیاهان صحرا تغذیه کند " برایت خار و خَس خواهد رویانید، (و از گیاهان صحرا خواهی خورد." (پیدایش ۳:۱۸.
اما پس از طوفان نوح، بر خلاف قبل، خداوند به انسان اجازهٔ گوشت خوردن را داد " هر جنبندهای که حیات دارد، خوراک شما خواهد بود. همانگونه که گیاهان سبز را به شما دادم، اکنون همه چیز را به شما میبخشم." (پیدایش ۹:۳). علاوه بر این، بعد از طوفان نوح به دلیل کمیاب شدن میوه های دانه دار و سبزیجات ، خداوند رژیم غذایی گونه هایی از حیوانات راعوض کرده، آنها هم گوشت خوار شدند. حیواناتی مانند ببر، شیر قبل از طوفان نوح گیاه خوار بودند (پیدایش ۱:۳۰)، اما آنها پس از طوفان به حیواناتی درنده تبدیل شدن. حتی گاهی اوقات انسانها نیز طعمه آنها می شدند. بنابراین، مردم آن زمان نیاز داشتن به یک "شکارچی شجاع" که قادر
به شکار و مقابله با حیوانات درنده و قوی هیکل را داشته باشد.

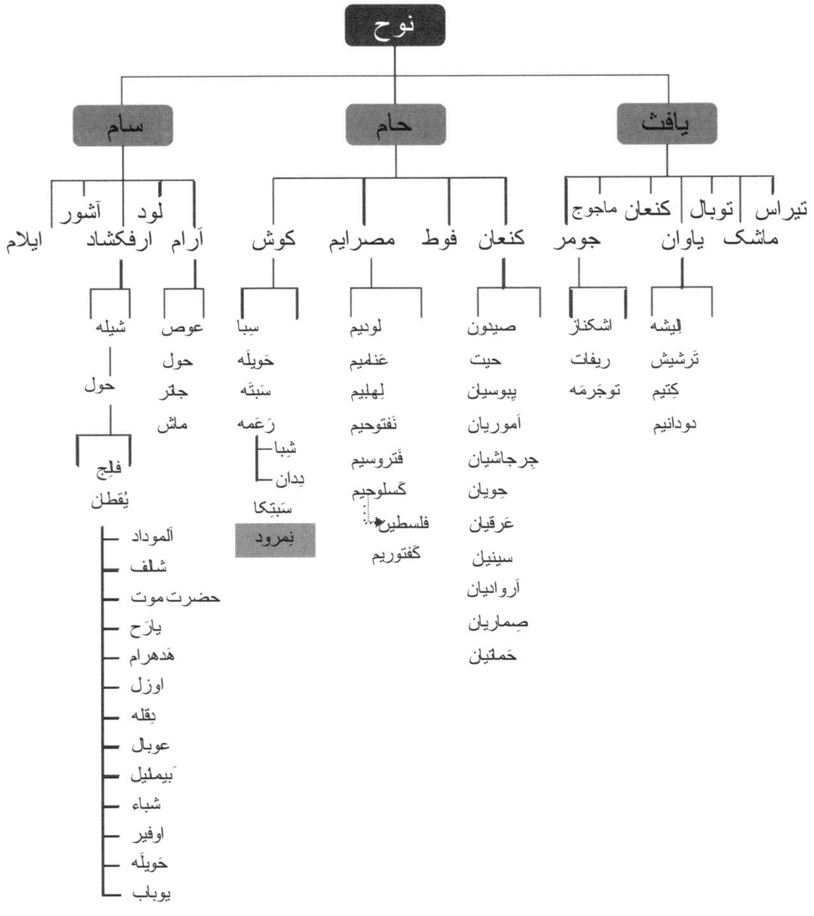

(Chart 2. Noah's genealogy (Ge. 1

در پیدایش ۹:۱۰ نمرود را به عنوان "شکارچی زورمند" معرفی می کند. نمرود بهترین شکارچی دوران خود بود. نمرود با شکار حیوانات، برای مردم خود غذا، پوشاک، و سر پناه فر اهم می کرد. و آنها را از حملات حیوانات حفظ میکرد. در نتیجه نمرود در بین مردم آن زمان ارج و احترام پیدا کرد، و رفته رفته تلاش کرد که در چشم مردم آن زمان، مقام خدایی را کسب کند.
در کتاب پیدایش ۱۰:۱۰/۱۲ قلمرو نمرود از شنعار (عراق و منطقه خلیج فارس امروز) به آشور (سوریه امروزی) گسترش یافته بود. او پایتخت کشور خود را در نزدیکی رود فرات بنا کرد. نمرود به منظور متحد کردن مناطق تحت حاکمیت خود و همچنین گسترش نفوذ خود در سراسر جهان، شروع به (ساختن برج بابل در در این شهر کرد، تا از طریق آن به آسمانها برسد (۱۱:۴).
بابل به معنای " دروازه خدا و یا دروازه به سمت خدا" می باشد. این بر این دلالت دارد که نمرود قصد داشت که در بالای آن برخ به عنوان خد ا نشسته و توسط مردم به عنوان خدا ستایش شود. نمردو می خواست که خدای آنها باشد، و مردم را دور خود جمع کند تا او را پرستش کنند. این آغاز آیین بابلیها بود. [رجوع کنید به تبصره ۲ "چه کسی بنیانگذار آیین بابلیان است؟" در صفحه ۵۲].
خداوند یهوه از آنچه نمرود می کرد ناراضی بود (پیدایش ۱۱:۴/۶). در آن دوران، هفتاد قبیله ای که در منطقه خاور میانه زندگی می کردند، به یک زبان سخن می گفتند (پیدایش ۱۱:۱)، و نمرود که قدرت سیاسی و نظامی را در اختیار داشت، بر آنها حکومت می کرد. ولی از هنگامی که خداوند یهوه ناگهان زبان مشترک شان را به هفتاد زبان مختلف تقسیم کرد، ارتباط میان قبایل از بین رفت و آنها در سراسر جهان پخش شدند، واین قبایل که در مناطق مختلف جهان پخش شده بودند، و هر یک آیین جدیدی که از آیین بابلیان نشات گرفته بود را نوآوری کردند. آنها خدایان متعددی را باور داشتن، و آن خدایان را خدمت می کردند. و این پدیده تا به امروز هم ادامه دارد.
جدول زیر به خوانندگان کمک میکند که درک بهتری از این مبحث داشته باشند، چرا که خلاصه ای است از آنچه در این بخش مورد بحث قرار گرفت.

	ازلیت عیسی مسیح (یوحنا. 1:1)	درآغاز	ازلیت وابدیت
	هنگام آفرینش ((پیدایش. 1:1	درآغاز	
	آفرینش فرشتگان ((ایوب 7-38:4		
	سقوط عده ای از فرشتگان (پیدا. ۱:۲; اشع. 14:12-20; حزق. 28:12-19; دوم یط . 2:4)		
	آفرینش آدم (پیدا. 1:26-27; 2:7)		
10 Generations (Adam–Noah, Ge. 5:1-32)	سقوط آدم شروع سیر فنا) (یذیری, پیدا. 3:6	4114	B.C.
	خنوخ (پیدا. 5:21)	3492	
	نوح (پیدا. 5:28-29)	3058	
10 Generations (Shem–Abraham, Ge. 11:10-26)	The Flood (Ge. 7:6, 11)	2458	
	نمرود (پیدا. 10:6-12)		
	برج بابل (پیدا. 11:1-9)		
	ابراهیم (پیدا. 11:26)	2166	

نمودار ۳. جدول زمانی از آغاز تا ابراهیم

۱۵۲۵-۱۵۶۹ م)، یک هنرمند) Bruegel)عکس. ۱. "برج بابل" توسط پیتر هلندی

Pieter Bruegel the Elder. ۱۵۶۳ A.D.; Kunsthistorisches Museum, Vienna, Austria.

یاداشت ۲. چه کسی بنیانگذار آیین بابلیان بود؟

محققین کتاب مقدس بر سر این که بنیانگذار آیین بابلیان نمرود بوده است یا همسر نمرود سمیرامیس، اختلاف عقیده دارند. الکساندر هیزلاپ (Alexander Hislop- ۱۸۰۷ -۱۸۶۵م) در کتابش "The Two Babylons ۱۹۱۹) ادعا می کند که کسی که برج بابل را بنا کرد "سمیرامیس" بوده(" است. الکساندر هیزلاپ، کشیش پروتستان در کلیسای آزاد اسکاتلند بوده است. هیزلاپ در کتابش از کلیسای کاتولیک انتقاد کرده، آن را یک کلیسای بت پرست، که تقلیدی از آیین بابلیان باشد، معرفی میکند. در حالی که، کلیسای پروتستان عیسی واقعی و خدای واقعی را پرستش میکنند. این این گونه استدلال می کند که، شیوه های مذهبی کلیسای کاتولیک روم، با شیوه های مذهبی بت پرستان در زمان سلطنت کنستانتین پیوند خورده اند. در این مرحله، دین رسمی روم وآیین ستایش مادر و فرزند با هم ادغام شده، توسط کلیسای کاتولیک به مسیحیت انتقال داده شد. او در کتاب خود اشاره می کند که همسر نمرود "سمیرامیس" برخ بابل را بنا کرده است. برخی از محققین از ادعای او حمایت می کنند. و از سوی دیگر، بسیاری هم آن را رد.

کرده، نمرود را بنیانگذار آیین بابلیان می دانند. گروه دوم را بیشتر کشیشان Harry Ironside ،و پژوهشگران انجیلی تشکیل میدهند. به عنوان مثال ۱۸۷۶ - ۱۹۵۱) یکی از آن بسیار محققینی است که از این نظریه حمایت می (آیین بابلیان، ویکیپدیا، دانشنامه آزاد .Harry A. Ironside) کند.
مبشر مشهور در سطح بین المللی، استاد موسسه کتاب مقدس Ironside مودی، و سمت ریاست میسیون درون مرزی آفریقا را دارا بوده است. او مدرک و دانشگاه (Wheaton College) دکترای افتخاری خود را از کالج ویتون دریافت کرده، یکی از رهبران جنبش (Bob Jones University)باب جونز میسیون جهان بوده است.
استنتاج ما بر سر این که بنیانگذار آیین بابلیان چه کسی بوده است را فقط باید با استناد از کتاب مقدس مشخص نمود. همانطور که در شجره نامه نوادگان نوح در پیدایش فصل ۱۰ به نمرود تاکید خاصی بر نمرود شده است، نویسنده دلیل قانع کننده کتاب مقدسی ارائه می دهد که نمرود بنیانگذار آیین بابلیان بوده است (پیدایش ۱۰:۷ - ۱۱:۹).

بخش سوم: آیین بابلیان

ظهور نمرود در نهایت شروع به تبلور نبوت پیدایش ۳:۱۵ نمود. این آغاز دینی بود که در آن شیطان پرستش می شد. مردم نمرود را به عنوان نجات مهیا کنندن لباس، غذا، و خانه و همینطور بالاترین ،(lifesaver) دهنده خدای بابل دانسته شروع به پرستش و خدمت او کردند (Henry M. Morris. ۱۹۹۳. ص ۲۶۵). در آیین ،MI: Baker ،ثبت شده در پیدایش، تنداب بزرگ بابلیان نمرود را به عنوان "خدای این .
جهان" پرستش می شود (دوم قرنتیان ۴:۴) و این را می توان به عنوان اولین آیین سازمان یافته توسط بشر تلقی کرد.

A. سه خدا در آیین بابلیان

در آیین بابلیان، سه خدای عالیرتبه وجود دارد که پرستش می شوند، از این قرار: نمرود (شوهر)، سمیرامیس الهه (همسر)، تموز(پسر) . سمیرامیس، همسر نمرود، بعد از مرگ شوهرش نمرود، پسری به دنیا اورد به نام تموز. سیمیرامیس ادعا کرد که روح نمرود در پسرش تموز حلول کرده است. و خود، نمرود، و پسرش تموز را به رتبه خدایی رساندن. این گونه است شکل گیری (۱۹۱۹ ، The Two Babylons .سه خدای بابلیان (الکساندر هیز لاپ).
شیطان به تقلید از پادشاهی خدا، باعث فریب انسانها می شود. آیین بابلیان تثلیث را از مسیحیت کپی برداری کرده است. سه خدای بابلیان از این قرارند: نمرود پدر، سمیرامیس مادر، و تموز پسر. نمرود نقش خدای پدر را بازی می کند، همسر او نقش خدای روح و پسرش نقش خدای پسر را. و این گونه آنها از تثلیث در مسیحیت تقلید می کنند. در صورتی که محتوا و جوهر خدای تثلیث در مسیحیت با خدای ثلاثه بابلیان متفاوت است.
در آیین بابلیان، نمرود به عنوان خدای خورشید، سمیرامیس خدای ماه، و یا سنگ مرز (Kudurru) تموز خدای ستاره در نظر گرفته شده اند. کودورو

نوعی سند و مدرک سنگی بوده که برای تعیین حد و مرز قلمرو پادشاهان بابل مورد استفاده قرار می گرفته است که اغلب د رمنطقه باستانی بین النهرین یافت می شود. و خورشید، ماه، و ستاره در این سنگ ها به عنوان رفیع ترین خدایان (عکس. ۲) حک شده است. از آنجا که خدای خورشید، خدای ماه، و خدای ستاره به منظور نمادی از قدرت حاکمیت
آنهابر روی کودورو حکاکی شده است. ما می توانیم از نفوذ و قدرت این سه خدا مطمئن باشیم.

نفوذ و تاثیر آیین بابلیان بقدری قدرتمند بود که حتی قوم منتخب خداوند اسرائیلی ها هم تحت تاثیر این آیین قرار کرفتند و آن خدایان را خدمت کردند. داوران ۲:۱۳؛ Baar، -آنها نمرود در نام بعل پرستش می نمودند)یا "بار دوم پادشاهان ۱۷:۱۶؛ ۲۱:۳؛ ارمیا ۱۱:۱۷)، خورشید در شرق (حزقیال ۸:۱۶)، و خدای خورشید (دوم پادشاهان. ۱۷:۱۶؛ ۲۱:۳؛ ۲۳:۴/۵). همسر او، الهه سمیرامیس ، که به عنوان بارتی، بالتی، یا اشیریم (داوران ۶:۲۵؛ اول پادشاهان ۱۴:۱۵؛ دوم پادشاهان ۱۰:۱۶/۱۷؛ ۲۱:۳؛ اشعیا ۱۷:۸)، عشتاروت (داوران ۲:۱۳؛ ۱۰:۶؛ اول سموئیل ۱۲:۱۰)، خدای ماه (دوم پادشاهان ۱۷:۱۶؛ ۲۱:۳؛ ۲۳:۴/۵). و ملکه آسمان (ارمیا ۷:۱۸؛ ۴۴:۱۷/۱۸). و پسرش تموز خدای ستاره (دوم پادشاهان ۱۷:۱۶؛ ۲۱:۳؛۲۳:۴/۵؛ حزقیال ۸:۱۴). بنابراین اسرائیلها، کسانی که این بت ها را پرستش می کردند به شدت توبیخ شدن.

عکس. ۲. خدای خورشید، خدای ماه و خدای ستاره بابلیان

مشاهده شده در کودرو (Kudurru- سنگ مرز) پادشاه ملسی پاک دوم

Kitto's Illustrated Commentary, Vol. 4, p. 31; Alexander Hislop. The Two Babylons, Antioch, 1997. p. 29.

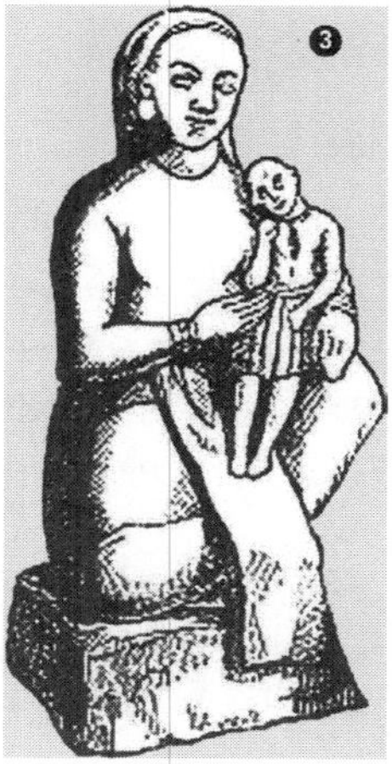

عکس. ۳. سمیرامیس و تموز

Kitto's Illustrated Commentary, Vol. 4, p. 31; Alexander Hislop. The Two Babylons, Antioch, 1997. p. 29

عکس. ۴. آرتمیس افسس

سمیرامیس در فرهنگ یونانی آرتمیس نامیده می شد. به خصوص، عبادت و پرستش آرتمیس درافسس، د در سراسر روم مردم بسیاریی از گردنبندها د سینه بندهایی استفاده می کردند که شکل هلال ماه را داشت. و به این طریق او را پرستش می کردند.پ

.A reproduction, the 2nd century A.D., Villa Adriana, Italy;
Vatican Museums. Licensor: Wknight94 (CC BY-SA 3.0)

عکس. ۵. ایشتار بابل

مجسمه سمیرامیس با هلال ماه بر سر، با چشمهایی ساخته شده از یاقوت، تزئین شده با گوشواره طلایی و گردنبند. این بت کوچک اغلب در منطقه بابل در حدود قرن اول پیش از میلاد ساخته شده .

The 2nd century B.C.–the 2nd century A.D., Hillah, Iraq;
Musée du Louvre, Paris, France

B. سمیرامیس و پرستش هلال ماه

پس از مرگ نمرود، تغییری تغییری محوری در سیستم ایمان آیین بابلیان شکل گرفت. و این تغییر از این قرار است که، نمرود کسی که او را به عنوان خدا پرستش می کردند، با قدرت و اراده همسرش سمیرامیس، در پسرشپسرش تموز تناسخ (بازرایی یا وازایش - زاییده شدن مجدد پس از مرگ) پیدا کرده است. بنابراین این افسانه در همه جا پخش گشته و بابلیان شروع کردن به احترام می گذاشتن به قدرت سمیرامیس.
سمیرامیس به تدریج به قدرت رسید. و در نهایت مردم شروع کردن به پرستش سمیرامیس به عنوان اعظم ترین خدا در میان سه خدای (نمرود، سمیرامیس، تموز). آنها سمیرامیس را به جایگاهی والاتر از نمرود و تموز ارتقا دادند. بنابراین مردم بتی از سمیرامیس ساختن که تموز که وازایش نمرود است بر دامن او نشسته است (عکس.۳). و این نماد، که الهه سمیرامیس پسرش را در آغوش گرفته، سرمشق بارزی شد در آیین بابلیان.
همانطور که در عکس.۴ مشاهده می کنیم، تاکید خاصی بر روی پستانهای این الهه است، که در تصاویر مختلف بین ۱۸ تا ۲۴ پستان ترسیم شده است، و دلیل آن هم این است که بابلیان الهه سمیرامیس را سمبل فراوانی و باروری دانسته و در طول زمان، خصوصیات دیگری را به آن اضافه کردند. از قبیل الهه زاد و ولد، الهه ای که نجات می بخشد، الهه ای که ثروتمند می گرداند، الهه اقبال خوب و لقبهای بسیار دیگری از این قبیل. و همینطور که حوزه نفوذ و برتری الهه سمیرامیس بیشتر می شد، بر ایمان بابلیان تاثیر گذاشته، .پرستش الهه سمیرامیس به یکی از اصول پایه ای در آیین بابلیان تبدیل شد
در منطقه خاورمیانه نور خورشید به قدری سوزان است که به مانند شلاق و تازیانه می مانده که به مردم آن منطقه فشار و سختی زیادی وارد می کرده. بنابراین در آن منطقه مردم بیشتر ماه را پرستش می کردند تا خورشید را. و به این ایمان داشتن که همان طور که ماه خنکی و صلح می آورد. و از بین گام های مختلف ماه، هلال ماه که به شکل داس می ماند را نماد شروعی تازه می دانند، شروعی که نور در تاریکی متبلور میشود، که بیشتر نگاهی عرفان است. بنابراین بابلیان هلال ماه را نمادی از الهه سمیرامیس می دانستند. هلال ماهی که تاریکی را از بین می برد و نور را به ارمغان می آورد، و با خود خبر نجات، فراوانی، خوش اقبالی، امید و برکت دارد.
بدتر از آن، در عهد عتیق می خوانیم که قوم اسرائیل، فرزندان خداوند، هلال ماه را پرستش میکنند (صفنیا ۱:۵). بنی اسرائیل و اقوامی که در همسایگی آنها زندگی میکردند خود را با تمثیلهای هلال ماه که بر لباس ها یا زینت آلات شان نصب شده بود میآراستن ۰داوران ۸:۲۱/۲۶؛ اشعیا ۳:۱۸). علاوه بر این،

از آنجا که با هلال ماه نو سرآغاز زمان بندی ماه قمری است، این روز برای اسرائیلیها هم مهم بوده و در این روز جشن ماه نو را برگزار می کردند (اول سموئیل ۲۰:۵، ۱۸؛ اشعیا ۴۷:۱۳؛ عاموس ۸:۵؛ کولسیان ۲:۱۶). از آنجا که جشن ما نو برای اسرائیلیها مهم بوده و در این روز آنها خود را با تمثیلهایی به شکل هلال ماه تزئین می کردند، ما میتوانیم تأیید کنیم که اسرائیلیها عمیقا مجذوب پرستش الهه ماه بابلیان شده بودند.

C. پرستش الهه و گسترش آن

با گسترش آیین بابلیان به سرزمینهای مجاور، الهه پرستی هم در این ممالک ترویج و گسترش پیدا کرد. جالب به توجه است که سمیرامیس، توسط ساکنان محلی نامهای مختلفی به خود گرفت. بابلیان سمیرامیس را " ملکه آسمان" یا "عشتار" می نامیدند. در فینیقیه (لبنان و شرق سوریه امروز) این خدا "عشتروت" نام گرفت. این نام به عبری "اشیره" ترجمه شد (خروج ۳۴:۱۱/۱۳؛ تثنیه ۷:۵، عکس. ۶). و در کنعان و مناطق مجاوره آن "عشتاروت" (داوران ۲:۱۲/۱۳؛ اول پادشاهان ۱۱:۵؛ دوم پادشاهان ۲۳:۱۳). همچنین ایرانیان آن را آناهیتا می نامیدند. و مصریان ایزیس.
با گسترش آیین بابلیان به اروپا، یونانیان خدایان زیادی را بر اساس صفات سمیرامیس نو آفرینی کردند. معمول ترین آنها "هرا" (همسر زئوس)، آتنا (الهه خرد و استراتژی) آفرودیت (الهه عشق و زیبائی)، دمتر (الهه کشاورزی) و بسیاری دیکر از این قبیل. خصوصاً الهه ماه آرتمیس نام داشت. رساله افسیسان در کتاب مقدس به ما می گوید که در افسس محل پرستشی به نام "معبد الهه بزرک آرتامیس" وجود داشته است (اعمال رسولان ۱۹:۲۴/۲۸). [مراجعه کنید به نمودار ۵ "خدایان یونانی و رومی اسطوره شناسی" در صفحه ۹۳.]
رومیان این الهه را "دیانا" می نامند (عکس. ۸)، یا "Mea Domina" که در لاتین به معنای "بانوی من" می باشد. ایتالیاییهااو را "مدونا" مینامند و آلمانی ها "هرتا"، اسکاندیناوی ها "دیسا" (Disa).
مردم آن دوران این الهه ها را خیلی عمیق پرستش می کردند، و رد و پای پرستش الهه ها، در قرن مدرنیته امروز هم به چشم می خورد. برای مثال، بازی های المپیک به جشنوارۀ ورزشی ای گفته می شده که دریونان باستان به انجام می رسیده. المپیک در یونان باستان ابتدا جنبه آیینی داشته است و برای تجلیل و ادای احترام به "الهه آرتمیس بزرگ" برگزار می شده (عکس. ۹، ۱۰). در اواخر قرن ۱۹ میلادی، این بازی های در شکل مدرن امروزی

دوباره از سر گرفته شد. بازیهای المپیک، و پوشش رسانه ای گسترده اش در سطح جهانی، سندی زنده است از ادامه حیات آیین بابلیان در عصر امروز ما.

در همین رابطه، ما می توانیم آثار پرستش الهه را در مجسمه آزادی شهر نیویورک مشاهده کنیم (عکس. ۳). در این عکس، فلسفه زاد و ولد یونانی ها منعکس شده است. همانطور که در عکس زیر مشاهده می کنید، مجسمه آزادی شبیه به مجسمه آتنا یونان است. این دو در طراحی تاج سر، طراحی لباسها، و تصویری از یک زن باهوش و قوی تقریبا یکسان هستند. آتنا، الهه حکمت و جنگ، الهه محافظ آتن، یونان (عکس ۱۱) میباشد، این الهه نقش مهمی در فلسفه و تفکر یونانی ها ایفاء میکند. این الهه در مجسمه آزادی، مجسمه که یک مشعل به دست دارد، از یک طرف اشاره دارد به روشن اندیشی و خردگرایی و از طرف دیگر اعلامیه آزادی و استقلال است.

عکس. ۶. عشیره یهودا
هزاران مجسمه

Judean Pillar-figurine, Iron Age.

عکس. ۷. ایزیس، الهه مصر باستان

ایزیس پسر خود حوروس را بر دامنش نشانده و تاجی که به دور آن مار کبرا حلقه زده است را به سر دارد.

The ۷th century B.C., Egypt; Walter's Art Museum, Baltimore, U.S.A.. Licensor: Jeff Kubina (CC BY-SA ۲/۰).

عکس.۸. دیانا الهه رومیان

دیانا، با زینت هلال روی شرش، به عنوان الهه ماه و شکار شناخته شده است. این بزرگترین کاخ در Amalienburg of Nymphenburg تصویرحکاکی شده در جلوی آلمان کننده کاری شده است.

Amalienburg, Nymphenburger Park, Germany. Licensor: Usien (CC BY-SA ۳/۰).

عکس.۹. ۲۰۱۰، مشعل المپیک ((المپیا، یونان

Singapore ۲۰۱۰ Summer Youth Olympics, the torch-relay, Olympia, Greece. Licensor: Rosso Robot (CC BY-SA ۳/۰)

عکس. ۱۰. سال ۱۹۸۸، مشعل المپیک ((سئول، کره

Seoul ۱۹۸۸ Summer Olympics, the ceremonial torch, Korea.

عکس. ۱۱. آتنا یونانپ

A reproduction, Parthenon, Athens, Greece. Licensor: William Neuheisel (CC BY 2.0).

عکس. ۲۱. مجسمه آزادی (نیویورک)
مجسمه آزادی و کامیابی الهه آتنا

1886 A.D., Liberty Island, New York, U.S.A.. Licensor: Elcobbola (CC BY-SA 3.0).

Region	Various Names of Semiramis
بابِل	اینانا (ایزد بانوی آسمان)، عشتار
فینیقی‌ها	عشتروت
منطق کنعان و اطراف آن	اشیره (خروج ۴۳: ۱۱ - ۳۱؛ اشعیا ۷: ۵) عشتاروت (داوران ۲: ۲۱-۳۱؛ اشعیا ۷: ۵)
مصر باستان	ایزیس
ایران (پرشیا)	آناهیتا
یونان	آرتیمیس، هرا، آتنا، و غیره
روم	دیانا، مِآ دیانا، مدونا
آلمان	هرتا
اسکاندیناوی	دیسا

نمودار ۴. نام محلی سمیرامیس بر اساس منطقه مورد نظر

D . پرستش خدای- ستاره

ادیان جهان تحت تأثیر آیین بابلیان، نه تنها سمیرامیس الهه را پرستش می کنند بلکه تموز، خدای ستاره را هم پرستش می کنند. طالع بینی (اختر بینی ، آینده نمایی، نوعی فالگیری) از بابل باستان آغاز شد. در آن زمان، بابل توسط کلدانیان (کلده زادگاه ابراهیم نبی است) اداره می شد. تاثیر طالع بینی بابلی به قدری عمیق و وسیع بود که در حدود ۲,۰۰۰ سال بعد زمانی که طالع بینی به یونان و روم و مکانهای دیگر گسترش یافته بود، کلمه کلدانی یک اصطلاح کلی برای یک ستاره شناس شد.

کتاب دانیال، که یکی از کتب کتاب مقدس است، اشاره ای دارد به کلدانیان (دانیال ۲:۴/۵؛ ۴:۷، ۵:۷/۱۱). دانیال از یهودیانی بود که به بابل به اسارت رفته بود. بنابراین ما می توانیم تثبیت کنیم که اصطلاح کلدانی که به طالع بینی دلالت دارد،در طول زمانی مابین ۵۸۶ و ۵۱۶ قبل از میلاد استفاده می شده است. زمانی که امپراتوری بابل بر کل منطقه خاوررمیانه حاکمیت داشت.

طالع بینی یا تَنجیم بررسی تأثیر اجرام سماوی ماه، عطارد، زهره، خورشید، مریخ، مشتری، زحل، ثوابت گاه عقدتین قمر بر عالم است. که تعیین کننده حرکات چهار عنصر عالم می‌باشند. در ستاره بینی چهار نحله گسترده وجود دارد:

۱ طالع بینی: به وضعیت سماوات از لحظه تولد فرد تا جمله جنبه‌های
.زندگی وی مربوط می‌گردد

۲ ستاره بینی عمومی: وضعیت سماوات را در لحظات بویژه مهم
مثلاً اعتدال ربیعی، خسوف و کسوف، یا اقتران سیارات با رویدادهای که به روی طبقات وسیعی مردم و ملتها یا کل جهان اثر می‌گذارند، مربوط می‌سازد .

۳ستاره بینی حُکمی: با بررسی وضعیت سماوات معین می‌سازد که
لحظه‌ای خاص برای آغاز کاری خاص مناسب است یا خیر

ستاره بینی مذاکره‌ای: پاسخ به سوالات خاص بر مبنای وضعیت
۴سماوات در لحظه پرسش است

طالع بینی نوعی بت پرستی است که نه بر پایه ایما ن به خداوند خالق همه جهان، بلکه متکی بر اشیاء آسمانی است که توسط خداوند آفریده شد ه اند. در طالع بینی نه خداوند بلکه این اشیاء آسمانی مورد پرستش قرار می گیرند. در آن زمان، منطقه کلدانی، مرکز تمدن بشری بود و در آن علوم انسانی و ریاضیات بسیار پیشرفت کرده بودند. و این موجب توسعه طالع بینی که حکمتی شیطانی بود شده بود.

طالع بینی، تأثیر خیلی زیادی در مردم منطقه گذاشته بود که حتی اسرائیلیان

که قوم خاص خداوند بودند هم ستارگان را پرستش می کردند. امری که خداوند در کتاب مقدس به کرار آن را محکوم کرده است(اشعیا ۱۷:۳؛ دوم پادشاهان ۱۷:۶؛ ۲۱:۳؛ ۲۳:۴/۵؛ دوم تواریخ ۳:۵/۳۳؛ارمیا ۱۹:۳؛ صفنیا ۱:۵). اسرائیلیان برای تموز سوگواری کردند (حزقیال ۸:۱۴) و به شدت توسط خداوند مورد توبیخ قرار گرفتند.

امروزه در دنیای شرق و غرب، طالع بینی (فالگیری) که از بابل سرچشمه گرفته است بسیار رواج دارد. به خصوص در دنیان غرب (امریکا، کانادا، کشورهای اروپایی)، اکثر روزنامه ها ستون فال دارند که بیانگربخت و اقبال مردم است. نه تنها آنجا، بکله امروزه در اکثر روزنامه ها و مجلات دنیای شرق ستون فالگیری به طور منظم چاپ می شود. این امر به وضوح نشان می دهدکه پرستش تموز به میزان وسیعی در زندگی انسانها حکمرانی و تسلط دارد.

ARIES (March 21-April 19): Don't jump to conclusions before getting all the facts. You should be extremely careful when discussing business or financial matters with those in a position of authority. Deception is likely. Do your own research. 3 stars

TAURUS (April 20-May 20): Don't put up with friends or relatives giving you a hard time. Dealing with institutions may be necessary if you or a loved one needs medical help. Keep your personal information a secret. 3 stars

GEMINI (May 21-June 20): You can get ahead if you organize your day carefully. Getting involved in a charitable event will help raise your profile. Your accomplishments will impress someone

high and should be geared toward having fun with someone you are close to or want to get to know well. 3 stars

SCORPIO (Oct. 23-Nov. 21): Plan a fun-filled day with plenty of physical activity with lots of unusual and interesting people. A challenge will get you all revved up and motivated. Your contribution to whatever you take on will impress someone. 3 stars

SAGITTARIUS (Nov. 22-Dec. 21): Getting into shape will make you feel good and boost your ego. Begin a routine and stick to it. Put time effort and cash into your residence, making it more accommodating and comfortable. 5 stars

CAPRICORN (Dec. 22-Jan. 19): You may feel as if you

،عکس. ستون ۱۳. فالگیری، روزنامه شیکاگو سان تایمز U.S.A.
ستون فلگیری معمولاً بر اساس یک تاریخ تولد یا نشانه ای از زودیاک است که فال مردم را می گیرد.

Chicago Sun-Times, U.S.A.,
April ۲۰۱۱ ,۳۰, p. ۳۲.

بخش چهارم: مار قدیمی، افعی، و شیطان

آیین بابلیان، در غالب رابطه مثلثی نمرود، سمیرامیس، و تموز، گسترش ایده طالع بینی، پرستش خورشید، ماه و ستارگان، و پرستش الهه، به علاوه تصاویری از افعی و مار که معرف شیطان که در هسته اصلی این آیین قرار دارد است در سراسر جهان گسترش پیدا کرده است. مکاشفه ۲۰:۲ به ما می آموزد که شیطان یا ابلیس همان مار کهن است که آدم و حوا را وسوسه کرد. شیطان به اشکال مختلف ظاهر می شود تا خواسته های مردم را بر آورده کند و از این طریق به عنوان خدای این جهان پرستش شود.

A. مارها و افعی ها در ادیان جهان

بدون استثنا، ادیانی که دارای بعد روحانی عمیقی هستند با مار یا اژدها در ارتباط هستند. مردوک خدای بابل (ارمیا ۵۰:۲) فرم پیشرفته نمرود خدا است، و در این نماد او معرف اژدها است (عکس ۱۴، ۱۵). همچنین یک خدا به نام میترا در مصر باستان و امپراطوری روم (عکس ۱۷)، پیدا شده است با یک مار به طور کامل در اطراف تصویرش پیچیده است. همچنین یک خدا به نام میترا در مصر باستان و امپراطوری روم (عکس ۱۷)، پیدا شده است که یک مار به طور کامل بهدور تصویرش پیچیده است. سرخپوستان آمریکای نجات دهنده آنهاست. (Kukulcan) مرکزی معتقدند که مار کوکولکن اسکاندیناوی وجود دارد که مردم MIDGARD همچنین یک مار خدا به نام آن را می پرستند. در بسیاری از نقاط جهان، مردم مار و اژدها را به عنوان نجات دهند و ناجی خود می پرستند.

خدای طب در اسطوره ها یونانی و رومی (عکس Aesculapius ،برای مثال ۱۹) همان مار است که تغییر قیافه داده است. این مار که به دور عصایی پیچیده نمادی است از خدا وعصای چاووش نماد صلح و علم پزشکی است. این عصا متعلق به هرمس رسول خدایان در اسطوره های یونان و روم است (عکس ۲۰). این عصا از درخت زیتون که دو مار به دور آن تا بالای عصا که دو بال قرار دارد حلقه زدند.

انجمن جهانی ،(WHO) امروزه این نماد سمبول سازمان بهداشت جهانی است و غیره (عکس. ۲۱- (KMA) انجمن پزشکی کره جنوبی ،(WMA) پزشکی ۲۳) استفاده می شود. ما همچنین می توانید این نماد را بر آمبولانس ها که بیماران را حمل و نقل می کنند مشاهده کنیم.

امروزه، در مراسم فارغ التحصیلی دانشجویان پزشکی در سراسر جهان، فارغ التحصیلان پزشکی با هم سوگند نامه ای بقراط را می خوانند (بقراط،

۴۶۰-۳۷۷ قبل از میلاد). متن آن سوگند نامه از این قرار است " من به هایجیا، و اکسیر قسم می خورم، و من ،Aesculapius، آپولو، شفا دهنده همه خدایانرا به شهادت می گیرم، تمام الهه ها را ..." به این صورت فارغ التحصیلان رشته پزشکی به خدایان ما ر سوگند یاد می کنند تا به بیماریهای جسمی مردم رسیدگی کنند.

با گسترش الهه پرستی بابلیان، تصویر مار گاهی با تصویر الهه ها ترکیب می شد. این تصویر از هاتور، الهه مصر، زنی که یک مار در سر دارد (عکس ۲۴). به ویژه مردمان کرت الهه مارها را پرستش می کردند(الهه برتر رودخانه ها ،Mammy Watta عکس ۲۵). این تصویر از مامی آفریقاست، یک مار به طور کامل به درو بدن او پیچیده است (عکس ۲۶). به طور گسترده در ناحیه رود گنگو که مرکز این Mammy Watta عبادت آیین بود تا غرب و مرکز قاره آفریقا رواج پیدا کرد.

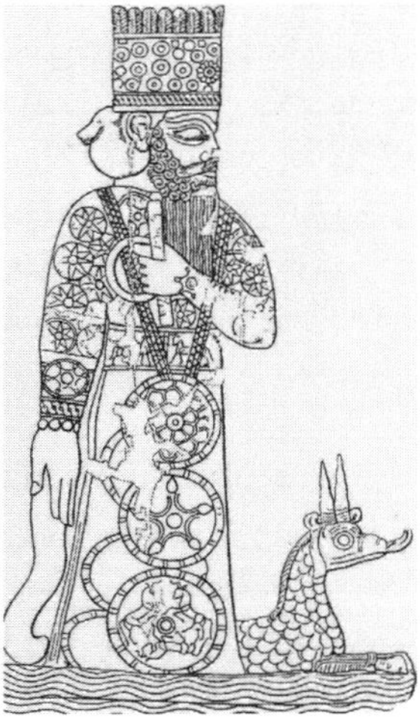

عکس. ۱۴. مردوک بابل و اژدها

A drawing on a Babylonian cylinder seal.

عکس. ۱۵. مردوک: اژدها Sirrush

حکاکی بر روی دروازه ایشتار ساخته شده توسط نبوکدنصر پادشاه. این اژدها نماد مردوک است

Istanbul Archaeological Museum, Turkey. Licensor: Lostinafrica (CC BY-SA ۳/۰).

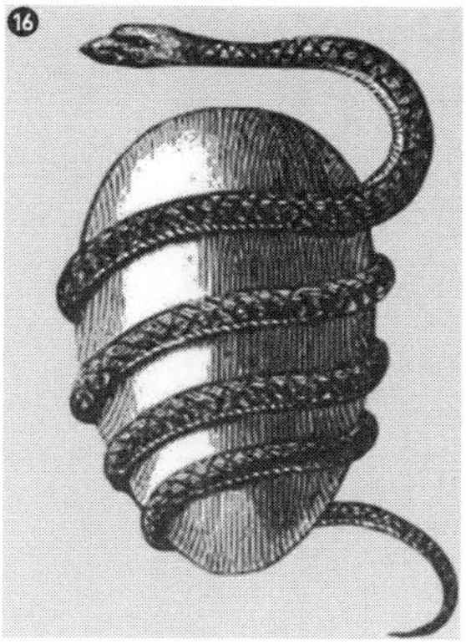

عکس. ۱۶. مار در اطراف تخم مرغ پیچیده که نمادی از زمین است

Jacob Bryant. ۱۷۷۴ A.D.; Alexander Hislop. The Two Babylons, Antioch, ۱۹۹۷. p. ۱۴۸.

عکس. ۱۷. میترا

Licensor: justin wilson – solidariat (CC BY ۲/۰).

عکس. ۱۸. کوکولکان مایا (Kukulcan of Maya) مار- خدا

A drawing of the vision serpent – Lintel ۱۵, Yaxchilan, Mexico; Herbert Spinden. A Study of Maya Art, ۱۹۱۳.

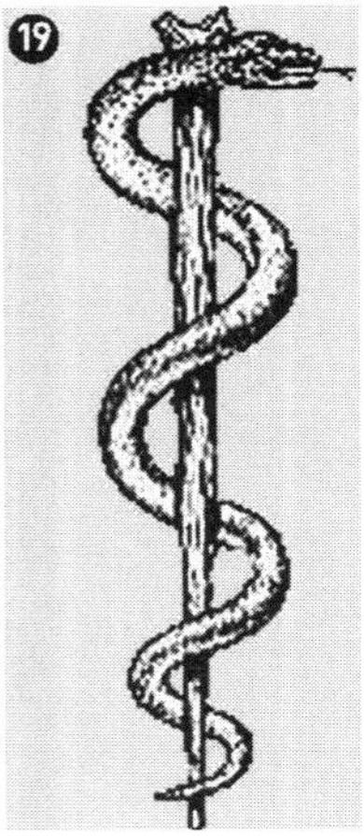

عکس. ۱۹. عصای آسکلپیوس
(Aesculapius)

Licensor: Ddcfnc (CC BY-SA ۳/۰).

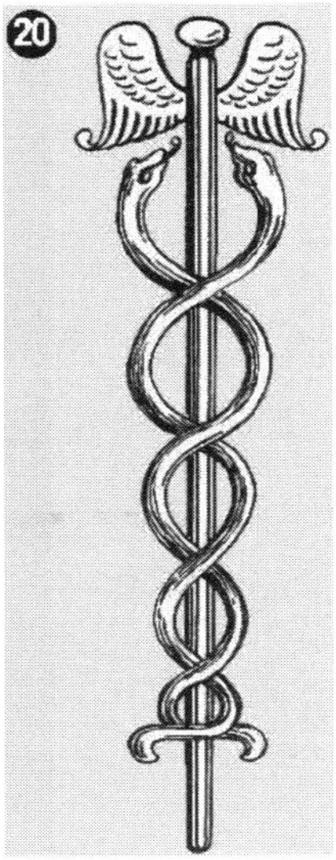

عکس. ۲۰. عصای چاووش هرمس

Pearson Scott Foresman.

عکس. ۲۱. سازمان بهداشت جهانی (WHO)

عکس. ۲۲. انجمن جهانی پزشکی (AMW)

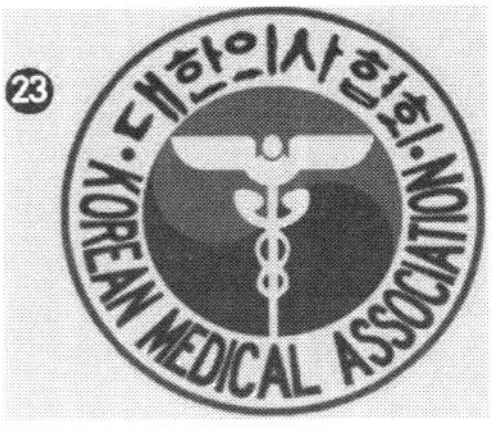

عکس. ۳۲. انجمن پزشکی کره جنوبی (AMK)

عکس. ۲۴. هاتور مصر
هاتور، الهه عشق و زیباست. او موی خود را با به شکل خورشید آزین کرده و ماری به دور آن پیچیده

Licensor: Jeff Dahl (CC BY-SA ۳/۰) – reference: Richard H. Wilkinson. The complete gods and goddesses of ancient Egypt, London: Thames & Hudson, ۲۰۰۳.

عکس. الهه ۲۵. مار کرت
مجسمه الهه در محل تاریخی فرهنگ مینوان (Minoan culture historical site)، در هر دو دستش مار را گرفته است

The ۱۶th century B.C., Minoan culture, The Palace of Knossos, Crete. Licensor: Chris ۷۳ (CC BY-SA ۳/۰).

از آفریقا (Mamy-Wata) عکس. ۲۶. مامی واتا
پری دریایی مامی واتا با هفت مار در آب
A Samoan snake charmer, around ۱۸۸۰

A.D., The common image of Mammy Watta, goddess of Africa.

B. کتاب مقدس و مار

در کتاب مقدس آیاتی در رابطه با مار آمده که تفسیر کتاب مقدسی آن کار راحتی نیست. آیاتی هم هست که خود خداوند عیسی در خصوص ماردر کتاب مقدس ذکر کرده است. یکی از آن آیات نبوتی در انجیل یوحنا ۳:۱۴ است که می فرماید: «زیرا خدا جهان را آنقدر محبت کرد که پسر یگانهٔ خود را داد تا هر که به او ایمان آوَرَد هلاک نگردد، بلکه حیات جاویدان یابد.» و در انجیل متی ۱۰:۱۶ می فرماید: " «من شما را همانند گوسفندان به میان گرگان میفرستم. پس همچون مارْ هوشیار باشید و مانند کبوترْ ساده.» ممکن است این آیات به اشتباه تفسیر شود و باعث گیجی و گمراهی خوانندگان شود. بنابراین قبل از تفسیر باید درک درستی از پیام روحانی این آیات داشت.

مار برنزی که موسی ساخت چه بود . ۱

اجازه دهید اول مار برنزی در عهد عتیق را بررسی کنیم (اعداد ۲۱:۴/۹).
در آنجا، اسرائیل به جای شکرگزاری بر ضد خدا یهوه و موسی سخن گفتند و در نتیجه خداوند مارهای آتشین در میان قوم فرستاد و آنها قوم را نیش زدند بهگونهای که شمار بسیاری از اسرائیل مردند. سپس موسی دعا کرد که خداوند مارها را از آنها دور کند. به این ترتیب خدای یهوه که همان خداوند عیسی در عهد جدید باشد به موسی گفت، که ماری آتشین بسازد و آن را بر تیرکی قرار دهد؛ هر مار گزیده ای که به آن بنگرد، زنده خواهد شد. بنابراین موسی طبق فرمان خدای یهوه عمل کرد و ماری برنجین بساخت و آن را بر تیرکی قرار داد. و چنین شد که اگر مار کسی را می گزید او به مار برنجین نگاه می کرد و زنده می ماند.

این مار برنجی نماد چسیت؟ در خصوص تفسیر کتاب مقدسی این آیه دو نظریه وجود دارد.
اولین نظریه این است که مار برنجی نمونه ازخود عیسی مسیح است. این نظریه بر اساس انجیل یوحنا ۳:۱۴/۱۵ " همانگونه که موسی آن مار را در بیابان برافراشت، پسر انسان نیز باید برافراشته شود، ۱۵ تا هر که به او ایمان آوَرَد، حیات جاویدان داشته باشد." به عبارت دیگر، بر اساس این آیات از کتاب مقدس، اولین ئتوری مار برنجی را نمونه از مسیح می داند و رنگ قرمز این مار مفرغی نماد خون خداوند عیسی است که بر صلیب ریخته شد. ولی در اینجا یک سئوال بی جواب می ماند، چرا نمونه ای از خداوند عیسی به شکل مار که نمایانگر شیطان است به تصویر کشیده شده است؟ در این ئتوری، پاسخ روشنی به این سئوال داده نمی شود.
نظریه ی دوم، ادعا می کند که مار برنجی ساخته شده توسط موسی نماد نسل شیطان است. بر اساس این نظریه، مار مفرغی در پیدایش ۳:۱۵ نسل شیطان تفسیر شده است. این نبوتی است از نبرد میان نسل زن و نسل شیطان بر روی صلیب. به عبارت دیگر، این نظریه اداعا می کند زمانی که مار مفرغی (نسل شیطان) بر تیر آویخته شد، قبلاً در پشت او عیسی مسیح (نسل زن) به تیر آویخته شده بوده. اسرائیل به مار برنجی نگاه می کرده و شفا می یافتن نه به خاطر مار مفرغی بلکه به خاطر خداوند عیسی که در پشت مار مفرغی حضور داشت.
بر این اساس، این نظریه به این نتیجه رسیده که مار مفرغی که توسط موسی ساخته شد، نه نمونه ازعیسی خداوند بلکه نمونه از شیطان بوده است. با این حال، به علت تاریک شدن چشمان روحانی بنی اسرائیل، آنها قادر به درک معنای معنوی این رویداد نبودند. در نتیجه، بنی اسرائیل مار مفرغی را بت ساخته و برای او که نَحُشْتان نامید، بخور میسوزانید. حزقیا پادشاه (۷۱۵-۶۸۶ قبل از میلاد) این مار مفرغی را به عنوان یک بت مکروه در نظر گرفته و آن را خرد کرد (۲ پادشاهان ۱۸:۴). این رویداد تاریخی، یک بار دیگر تایید میکند که مار مفرغی نمونه ای از عیسی خداوند نیست، بلکه نمونه ای از نسل شیطان است.
بنابراین، من، نویسنده، از دیدگاه دوم حمایت می کنم، چرا که به نظرمن تفسیری است کتاب مقدسی. بنی اسرائیل در واقع به خداوند عیسی (نسل زن) که پشت مار مفرغی بود نگاه می کردند ، و زنده می ماندند (اعداد ۲۱:۹). همانطور که عیسی مسیح در انجیل یوحنا می فرماید، " همان‌گونه که موسی آن مار را در بیابان برافراشت، پسر انسان نیز باید برافراشته شود،" زمانی که موسی مار مفرغی را بر سر تیرچه آویخت عیسی مسیح هم در پشت مار مفرغی بالا کشیده شد. و هر مار گزیده ای به عیسی مسیح که پشت

مار مفرغی بود نگاه می کرد زنده می ماند. و این است دلیل فرمایش خداوند عیسی در انجیل یوحنا ۳:۱۴/۱۵، "همان گونه که موسی آن مار را در آسمان برافراشت، پسر انسان نیز برافراشته شود، ۱۵ تا هر که به او ایمان آورد حیات جاودان داشته باشد.
همانطور که در پیدایش ۳:۱۵ پیشگویی شده بود، در واقع جنگ روحانی ای بر روی صلیب در کوه کالوری بین عیسی خداوند و نسل شیطان وجود خواهد داشت. شیطان پاشنه عیسی راخواهد گزید، وعیسی سر او را خواهید کوبید. در نهایت عیسی در مبارزه با شیطان پیروز خواهد شد. اینگونه، درک این حقیقت که عیسی خداوند با نسل شیطان بر روی صلیب بود راحت تر خواهد شد.

.۲". معنای "همچون مارْ هوشیار باشید و مانند کبوترْ ساده.

خداوند عیسی پیش از اینکه شاگردان را به سفر بشارتی بفرستد به آنها فرمانی داد، " «من شما را همانند گوسفندان به میان گرگان میفرستم. پس همچون مارْ هوشیار باشید و مانند کبوترْ ساده.» (متی ۱۰:۱۶). معنای به در یونانی به معنای phronimos) "مانند مار (افعی) "هوشیار باشید خردمندی، هوشیاری، زیرکی) چیست؟ با توجه به تعلیم عیسی در مورد مار به عنوان نمادی از شیطان، سخت است برای ما سخت است که درک کنیم چرا .عیسی خداوند به شاگردان خود دستور داد مانند مار زیرک باشید.
مار یا افعی نه تنها دارای سیرتی حیله گر (پیدایش ۳:۱) است، همچنین او دارای خصائصی است از قبیل خردمندی و تیزهوشی در مفهوم منفی آن. سخن عیسی مسیح در مورد "مثل مار هوشیار باشید" اشاره دارد به حکمت، درک، و حساسیت روحانی الهی، نه حکمت، درک، و حساسیت در مفهوم منفی آن.
شاگردان مسیح، کسانی هستند که فرزندان خدا با طریق بشارت انجیل و کار میسونری رایگان از اسارت شیطان آزاد می سازند. برای نجات فرزندان خدا از اسارت شیطان، آنها باید از حکمت روحانی خود استفاده کنند. به این دلیل بود که عیسی خداوند به آنها فرمود ". پس همچون مارْ هوشیار باشید".
در اینجا، منظور میسح، خرد، درک و حساسیت مار یا شیطان نیست بلکه خداوند عیسی خرد، درک و حساسیت روحانی که از خودش سرچشمه گرفته است را ویژگیهای لازم برای کاربشارت انجیلش می داند.
علاوه بر این، یکی دیگر از ویژگیهای مبشرها و میسیونرها این است که در یونانی، که به معنی مخلوط نشده، akelaios) آنها باید "مانند کبوترْ ساده خالص و یا بی گناه) باشند. شاگردان و مبشران عیسی باید شخصیت خود را

پاک و مقدس نگاه دارند و همزمان دارای درک و حساسیت روحانی باشند، زیرکی، هوشیاری و خردمندی "". پس همچون مارْ هوشیار باشید." شیطان زیرک و هوشیار است ولی در عین حال او مثل کبوتر ساده نیست بلکه او کاملا ویرانگر و ناپاک است. بنابراین شاگردان او نه تنها باید به عنوان زیرک همانطور که مار در بلکه به عنوان بی گناه به عنوان کبوترها به منظور پیروزی بر شیطان. به این ترتیب شاگردان مسیح به منظور پیروزی بر شیطان نه تنها باید هوشیار و زیرک باشند مثل مار، همچنین آنها باید همچون کبوتر ساده و پاک باشند.

هنگامی که شاگردان عیسی خداوند همچون مار زیرک و همچون کبوتر بی گناه شدند ، قدرت خدا به آنها داده می شود به طوری که آنها را در نبرد با شیطان ویرانگر و ناپاک به پیروزی می رساند. و آنها قادر خواهند بود در امر تبشیر انجیل و میسیونری میوه بسیار آورند.

:نتیجه

به منظور تحقق نقشه آموزشی خداوند در خصوص تعلیم هدف آفرینش در آیه نبوتی پیدایش ۳:۱۵، خدا برنامه ریزی کرده بود که اجازه دهد نمرود، نوه نوح، بنیانگذار آیین بابلیان باشد. در آیین بابلیان سه خدا پرستش می شود؛ نمرود، سمیرامیس، و تموز. پرستش سمیرامیس در میان خدایان سه گانه، در سراسر جهان گسترش یافته است. این انحراف، ریشه تولید و زائیده شدن ادیان مختلف در سرتاسر جهان شده است.

انسان سقوط کرده بنای ادیان را با پرستش مخلوقات آغاز و پایه ریزی کرد. مردم در جستجوی خدایانی بودن که نیازهای جسمی آنها را مهیا کند. نیازهایی از قبیل، غذا، لباس و مسکن، و حفاظت از جان آنها. به این ترتیب، مردم به این گونه خدایان تکیه و آنها را پرستش کردند. و این نقص کامل هدف خداوند از آفرینش انسان بود (اشعیا ۴۳:۷/۲۱؛ رومیان ۹:۵؛ کولسیان ۱:۱۶).

خداوند جهان را خلق کرد تا مخلوقات او را خدمت، پرستش، وجلال دهند. این بود هدف آفرینش جهان. نه اینکه آنها به جای خالق مخلوقات را پرستش کنند. و خداوند برای کمک به ما به منظور درک هدف آفرینش و اجرای آن، خدای یهوه که همان مسیح عیسی در عهد جدید است، ده فرمان را به موسی د اد(خروج ۱:۱۷/۲۰). در میان این فرامین خداوند عیسی به اهمیت جها فرمان اول تکیه خاصی می کند که این تاکید به شرح زیر می باشد؛ « عیسی پاسخ داد: ”خداوندْ خدای خود را با تمامی دل و با تمامی جان و با تمامی فکر خود محبت نما.“ ۳۸ این نخستین و بزرگترین حکم است». این را "فرمان عمودی" که اولین و بزرگترین حکم می باشد می نامیم. بنابراین، خدا هشدار می دهد که اگر فرزندانش بت ها را خدمت کنند، آنها و فرزندان آنها را تا نسل سوم و (چهارم مجازات خواهد کرد(خروج ۲۰:۵.

از آنجا که برج بابل، ساخته شده توسط نمرود بر خلاف هدف آفرینش بود، خدا آن را نابود کرد و زبان مردم را مغشوش نمود تا زبان یکدیگر را نفهمند. خداوند نفوذ نمرود را به حداقل رساند، و آن هفتاد قبیله به طور ناگهانی شروع به صحبت کردن به مختلف شدند. در نتیجه، آنها در منطقه بابل و در سراسر

جهان پراکنده شدند. و این پراکندگی باعث پخش این آیین شیطانی در سرتاسر دنیا شد. آن قبایل، بستگی به شرایط زیست محیطی مناطق جدید که به آنجا مهاجرت کرده بودند آیین بابلیان را دوباره برقراریا تأسیس کردند. در این جهت آیین های مختلفی از قبیل؛ اسطوره های یونانی، اسطوره های رومی، اسلام، هندو، بودا، سیک، زرتشت، شینتو، کنفوسیوس، تائویسم، شمنیسم، آیین های محلی، بهائیت و غیره از بطن این آیین بابلیان زائیده شد.

در حال حاضر تعداد زبان ها تا ۶,۵۰۰ زبان افزایش یافته است، و به همان مقدار هم آیین بابلیان هم توسعه یافته است. می توان به وضوح تحقق نبوت پیدایش ۳:۱۵ را در تاریخ بشر مشاهده کرد. در بخش دوم این کتاب به بررسی چگونگی دوبارهٔ برقراری یا تاسیس مجدد و چگونگی توسعه و رشد آیین بابلیان خواهیم پرداخت.

(خروج ۲۰:۳/۵)
تو را خدایان دیگر جز من مباشد.
هیچ بُتی برای خود مساز، خواه به شکل
هرآنچه بالا در آسمان باشد و یا پایین بر زمین و یا در آبهای زیر زمین.
،در برابر آنها سجده مکن و آنها را عبادت منما؛ زیرا من، یهوه خدای تو
خدایی غیورم که جزای تقصیرات پدران را به فرزندان و پشت سوم و چهارمِ
آنان که مرا نفرت کنند می‌رسانم.

فصل ۲
گسترش آیین بابلیان

مقدمه
بابلی شدن آیین امپراتوری یونان
بابلی شدن آیین امپراتوری روم
بابلی شدن آیین خاورمیانه
بابلی شدن آیین آسیا
نتیجه

مقدمه

با پیشرفت تمدن و آبادانی کشورها، خدایان و آیین های زیادی به ظهور رسیدن.برای مثال، امپراتوری آشوری (۸۶۰ - ۶۲۶ قبل از میلاد)، امپراتوری بابل (۶۲۶-۵۳۹ قبل از میلاد)، امپراتوری فارسی (۵۳۹-۳۳۰ قبل از میلاد)، امپراتوری یونان (امپراتوری اسکندر کبیر، ۳۳۰-۶۳ قبل از میلاد)، امپراتوری و غیره. این امپراطوری ها، به ترتیب بر خاورمیانه (BC۴۷۶ - AD روم (۶۳ و اروپا حاکمیت داشتن و طبق فرهنگ و آداب رسوم ساکنان این مناطق، اسمهایی نمرود، سمیرامیس، و تموز را بومی کرده واسمهایی محلی بر آنها گذاشتن.

این گونه به نظر می رسد که هر یک از این اقوام خدای خاصی را باور دارند. چرا که نام خدا در هر کدام متفاوت با دیگری است. ولی اگر با دقت، منشاء هر یک از این خدایان را بررسی، می توانیم اطمینان حاصل کنیم که اسم خدایان ادیان جهان چیزی نیست به غیر از نامهای تعدیل شده آیین بابلیان نمرود، سمیرامیس، و تموز که در هر قومی شکل بومی آن محل را به خود گرفته است. علاوه بر این، در بسیاری از ادیان جهان، تصاویری از مار، اژدها یا کبرا به عنوان نمادهای مذهبی دیده می شود . اژدها و مار نشان دهنده هویت واقعی شیطان (مکاشفه ۲۰:۲) است، و این نمادها در ادیان جهان به عنوان متعالی ترین اشیاء مورد پرستش قرار می گیرند.

با توسعه یافتن این ادیان، تمثال شیطان هم متنوع گشت. تمثال هایی از حیوانات مختلف مانند فیل، شیر، گاو، میمون و غیره. همچنین ادیان خورشید، ماه و ستارگان را هم مورد پرستش قرار دادند. و با توسعه بیشتر ادیان، تمثال هایی از الهه رحمت، الهه بردباری و شکیبایی به انها اضافه شد. همه این تشابهات نمایگر این است که همه ادیان جهان دارای یک ریشه هستند. آیین بابلیان در خدمت نسل شیطان در پیدایش ۳:۱۵ قرار دارد. و ذات و جوهر ادیان در پیدایش ۳:۱۵ نمایان می شود.

در این فصل، ما ادیان اصلی جهان را بررسی خواهیم کرد. وقتی ما تمثال

های عبادتی اسطوره های یونانی، اسطوره های رومی، اسلام، هندوئیسم و بودیسم را ریشه یابی کنیم، قادر خواهیم بود به این حقیقت برسیم که همه آنها ریشه در آیین بابلیان دارند، آیینی که در خدمت شیطان قرار دارد. واین را خدای یهوه که همان عیسی خداوند در عهد جدید باشد در پیدایش ۳:۱۵ به شیطان نبوت کرد.
علاوه بر این، در روند توسعه کلیسای اولیه،.کلسیا نتوانست به طور کامل نفوذ آیین بابلیان را بشکند، آیینی که دارای ریشه عمیقی در منطقه داشت. بطوری که کلیسا مجبور شد با بخشی از آن سازش و مصالحه کند. در نتیجه، به علت آمیختگی اصول آیین بابلیان با اصول مسیحیت، کلیسای و پیام انجیل مخدوش گشت. در حین بررسی چگونگی نفوذ آیین بابلیان بر کل جهان، اجرای مو به موی نبوت پیدایش ۳:۱۵ را مشاهده خواهیم کرد.

بخش اول: گسترش آیین بابلیان در امپراتوری یونان

یونان باستان (قرن ۱ تا ۱۲ ق.م) تمدن خود را در سرزمین اصلی یونان و جزایر همسایه گسترش داد. به خصوص این توسعه در دوران امپراتوری اسکندر مقدونی (۳۳۸-۳۲۳ ق.م) عصر هلنیستی (۳۲۳- ق.م - عصر هلنیستی یا تمدن هلنیستی به دوره‌ای از تاریخ یونان باستان میان درگذشت اسکندر مقدونی در سال ۳۲۳ پیش از میلاد مسیح تا پدید آمدن امپراطوری روم گفته می‌شود. در این دوران تأثیر فرهنگی و قدرت یونان در اروپا و آسیا در اوج خود بود.) به اوج خود رسید.و سراسر خاور میانه از جمله اسرائیل و مصر هم شامل این تحولات و تأثیر پذیری از تمدن یونانیان قرار گرفتند. پس فتح شد، اما (BC۴۷۶ - AD از آن، یونان باستان توسط امپراطوری روم)۶۳ تمدن هلنیستی هسته مرکزی تمدن اروپا گردید، در تمام حوزه ها از جمله حوزه مذهب، سیاست، اقتصاد، فلسفه، هنر، ادبیات، معماری و غیره.

A. بومی سازی خدایان بابلی

آیین یونان باستان با اساطیر یونانی نمایانگر می شود. آیینی که در اساس را دارد. آنها نمرود، (pantheism) و ریشه خصوصیات همه‌خدایی یا پانتئیسم سمیرامیس و تموز را مطابق با فرهنگ و آداب و رسوم محلی خود بومی سازی کرده و نام های مختلفی، متناسب با عملکرد هر شخص بر آنها نهادند، و مقام خدایی برای آنها قائل شده آنها را پرستش کردند. این است منشاء اساطیر یونانی.

روم، در غرب یونان واقع بود، و قبل ازاین در دوران باستان تحت تأثیر آیین بابلیان قرار گرفته بود. بعدها، پس از فتح یونان توسط امپراطوری روم (۶۳ ق.م-۴۷۶.م) رومیان تمدن یونان و خدایان یونانی را به ارث برده و هویت آنها را با هویت خدایان روم باستان همسان سازی کرند.این واقعیت در نمودار ۵ ترسیم شده است.

با گسترش امپراتوری روم، آیین یونانی ها در سراسر خاور میانه و اروپا پخش شد، و تأثیر زیادی بر زندگی مردم این نواحی گذاشت. در سال ۳۰۶ میلادی کنستانتین امپراتور روم گردید ودر سال ۳۱۳ به کلیسا آزادی پرستش و مالکیت دارائ داد. و در سال ۳۸۰ میلادی، تئودوسیوس مسیحیت را دین رسمی امپراطوری اعلام کرد و کلیسای کاتولیک روم بر اروپا حاکم شد و بسیاری از خدایان یونانی را رد کرده و آنها را فاقد هر گونه الوهیت دانست.

در دورۀ رنسانس (عصر نوزایی) از قرن۱۴ تا قرن ۱۶ میلادی، اروپا فرهنگ هلنیستی را بازسازی و احیا کرد و همچنین آیین و اسطورهای یونانی و رومی را دوباره پذیرفت (به آغوش گرفت). ولی بر خلاف دوران یونان باستان، مردم دیگر به آن به عنوان یک داستان یا خدای واقعی نمی گریستند، بلکه آنها را افسانه هایی ساخته دست بشر می دانستند. امروزه، مردم ازاساطیر یونانی به عنوان یک میراث از تمدن های باستانی یاد می کنند، و مناسک مذهبی آن را در همایش های فرهنگی مختلف مانند بازیهای المپیک بازآورش می کنند. در ادامه، این حقایق را بیشتر مورد بررسی قرار خواهیم داد و این را به اثبات خواهیم رساند که ریشه آیین بابلیان چگون تغییر قیافه داده و در پشت رویدادها و همایش های فرهنگی دنیای امروز خود را استتار کرده است

نقشه. 2. امپراتوری اسکندر کبیر (338-323 قبل از میلاد)
و شهرستانهای مذهبی عمده در یونان باستان

ملاحظات	عملکردها	خدایان در اسطوره شناسی روم	خدایان در اسطوره شناسی یونان	خدایان آیین بابلیان
سیاره ژوپیتر، پنج شنبه	پادشاه خدایان و خدای آسمان	ژوپیتر	زئوس	نمرود (مذکر)
خورشید،یکشنبه	خدای خورشید، شعر، موسیقی، شفا، و غیره.	آپولو	آپولو	
	خدای شراب	باکوس	دیونیسوس	
	خدای پزشکی و درمان	اسقلبیوس	آسکلپیوس	
	ایزدبانوی عقل و خرد، راهبرد جنگ، هنر و ادبیات، عدالت، کشاورزی و صنایع دستی بود.	مینروا	آتنا	سمیرامیس (مونث)
سیاره ونوس (نام مستعار لوسیفر- اشعیا ۴۱: ۲۱)	الهه عشق، زیبایی و شور جنسی	ونوس	آفرودیته	
ماه، دوشنبه	ایزدبانوی شکار، حیات وحش، بکارت، ماه و حاصلخیزی	دیانا	آرتمیس	
	الههٔ حاصلخیزی زمین، حبوبات و نان است	سرس	دمتر	
همسر ز ئوس	الهه زنان و ازدواج	یونو	هرا	
	الههٔ پیروزی	ویکتوریا	نیکه	
سیاره تیر، چهارشنبه	ایزد بازرگانان و سخنرانی	مرکوری	هرمس	تموز (مذکر)
سیاره زحل، شنبه	خدای کشاورزی و برداشت محصول	ساتورن	ساتورن	
سیاره نپتون	خدای اقیانوسها	نپتون	پوزئیدون	
سیاره مریخ، سه شنبه	خدای جنگ	مارس	آرس	
سیاره ناهید یا زهره	خدای عشق	کوپیدو	اروس	

نمودار ۵. خدایان دراسطوره شناسی یونانی و رومی

B. بازیهای المپیک یونان

در یونان باستان، جشن های مذهبی مختلف به منظور پرستش خدایان وجود داشت. در میان آنها، بازی های المپیک یکی از بزرگترین جشنوارهای بود که "جشنواره باستان المپیا" نامیده میشد. شروع بازیهای یونان باستان، در المپیا که بخشی از منطقه اخائیه در جنوب یونان در سال ۷۷۶ پیش از میلاد آغاز شد. این بازیها در ابتدا یک جشن مذهبی بود که برای ادای احترام و پرستش به زئوس یا ژوپیتر در اساطیر روم در صحن مربوط به او برگزار می‌شد. زئوس به عنوان پادشاه خدایان یونان مورد پرستش قرار می گرفت. یونانیان معبد زئوس را در آنجا بنا کردند و هر چهار سال یک بار در برای تقدیم قربانیهایشان در آنجا جمع می شدند و در عین حال بازیهای ورزشی خود را به نمایش می گذاشتند. با انجام این کار، آنها معتقد بودند که از "زئوس خدا" محبت، حفاظت، برکت، و رحمت دریافت می کنند، چرا که اعتقاد داشتن که زئوس خدای خدایان یونان استو بر آسمان و زمین حکمرانی می کند.
به هر حال در سال ۶۷۶ ق.م. این معبد توسط لشکر ایرانیان ویران شد.
بنابراین یونانیان در سال ۶۰۰ ق. م. درهمان محلی که معبد زئوس قرار داشت، معبدی دیگر ساختن و آن را معبد هرا (همسر زئوس) نام نهادند. جایی که آنها الهه را پرستش و خدمت می کردند و همچنین بازیهای المپیک را در آنجا ادامه دادند. و در سال ۴۷۰ ق.م. معبد زئوس را بازسازی کردند و از آن زمان به بعد یونانیان بازیهای المپیک را در آنجا برگزار کردند و در حین حال زئوس و همسرش هرا را در آن محل پرستش و خدمت می کردند. به عبارت دیگر، بازیهای المپیک چیزی نیست مگر رویداد و همایشی که در آن خدایان آیین بابلیان، نمرود و سمیرامیس مورد پرستش و خدمت قرار می گیرند.
جشنواره های المپیک باستان برای حدود ۱۲۰۰ سال ادامه پیدا داشت، و در نهایت در سال ۳۹۳ میلادی به پایان رسید. روی هم رفته ۲۹۳ بار این بازیها برگزار شد. یونان از تاریخ ۶۳ ق.م. تا ۴۷۶ میلادی زیر فرمان امپراتوری روم قرار گرفت. کنستانتین یکم (۳۰۶-۳۳۷ مدت حکمرانی) در سال ۳۱۳ ق.م. مسیحیت را دین رسمی امپراتوری روم کرد. و تئودئوس اول (۳۷۹ - ۳۹۵ مدت حکمرانی) بازیهای المپیک را ممنوع اعلام کرد، چرا که بازیهای المپیک را تشکیلاتی خواند که بر پایه بت پرستی و خدمت به خدایان دروغین بنا شده است.
در اواخر قرن ۱۹، یک باستان‌شناس آلمانی به نام "کورتیوس" در دل تپه‌های خاموش «المپیا» به کاوش پرداخت، و آثار را از المپیک یونان باستاتن کشف کرد. فکر احیای این بازیها در اروپا و شمال آمرکا قوت گرفت. در سال ۱۸۸۹مورخ فرانسوی بنام «پی‌یر بارون دوکوبرتن» به کمک دوستان

خود در پاریس همایشی تشکیل داد و اساس بازیهای جدید المپیک را پی نهاد. بازیهایی که به مدت ۱,۵۰۰ سال ممنوع اعلام شده بود. بازیهای المپیک رسماً از سال ۱۸۹۶ بود که درآتن انجام گرفت وپس از آن هر چهارسال یکباردرنقاط
- ۱۹۴۰ -۱۹۱۶
۱۹۴۴) به دلیل جنگ جهانی اول و جنگ جهانی دوم انجام نپذیرفت. پس از آن، بازی های المپیک در لندن در سال ۱۹۴۸ از سر گرفت شد، و این بازی ها تا به امروز ادامه داشته است. در این راه، یونان در گسترش آیین بابلیان به سرتاسر جهان، فراتر از خاورمیانه و اروپا، نقش اصلی را بازی می کند.
دراحیای بازیهای المپیک و تبدیل آن به المپیک مدرن امروز، معنای روحانی عمیق نهفته است. در این جنبش که پرستش خدایان بابلی را ترویج می دهد، کشورهای مسیحی اروپایی و آمریکای شمالی نقش محوری داشته اند. بازی های المپیک باستان فقط برای یونانیان بود. اما بازیهای المپیک مدرن، در سطح جهانی گسترش پیدا کرده و تبدیل به یک رویداد ورزشی بین المللی مهم شده است، رویدادی که مردم جهان را گمراه کرده، آنها را ترغیب به پرستش و خدمت خدایان بابلی می کند.
امروز، مدال های طلا، نقره، وبرنزبازیهای المپیک توسط نیکه الهه پیروزی در اساطیر یونان و معادل آن ویکتوریا دراساطیر روم که اسمهای جایگزین محلی الهه سمیرامیس هستند به برندگان مدالها داده می شود.
در اواخر قرن ۱۹، زمانی که بازیهای المپیک احیا در حال احیا شدن بود، جنبش بیداری روحانی عظیمی به واسطه کار روح القدوس در کلیساهای غرب و شمال آمریکا شکل گرفت. این جنبش منجر شد که میسیونرهای زیادی به سراسر جهان، مناطقی که پیام انجیل موعظه نشده است فرستاده شوند. در یکشنبه عید پاک آوریل ۱۸۸۵ اولین میسیونر پرسبیتری (مشایخی) و هنری گرهارد (Horace Grant Underwood) "" هوراس گرانت آندروود اولین میسیونر متدیست وارد شبه (Henry Gerhard Appenzeller) اَپینزِلِر جزیره کره شدند. به موازات آن موج الهیات لیبرال (الیهات آزادی بخش) اروپا و شمال آمریکا را در برگرفت. و از آن زمان به بعد رویارویی و مجادله بین نسل زن و نسل شیطان متبلور شد. اما نفوذ نسل شیطان (پیدایش ۳:۱۵) با اجازه خدا در قلمرو جهان انسانها گسترش یافت.

عکس.۴. عکس نیکه بر روی مدل های المپیک، الهه پیروزی
نیکه، الهه پیروزی در اسطوره شناسی یونان (یا ویکتوریا در اسطوره های رومی) است، که روی آنها حک شده است. این خدایان اسمهای بومی الهه سمیرامیس هستند. بر روی این مدالها تصویر الهه نیکه که که شاخه ای از درخت بو و تاجی از شاخه درخت زیتون بر سر دارد و (Colosseum - و در پشت او آمفی تئاتر (کولوسئوم یک ارابه حکاکی شده است. این طراح که بر روی مدال های نهمین دوره المپیک آمستردام در سال ۱۹۲۸ حکاکی شد، طرحی موروثی گشته به طور متداول از آن استفاده می شود.

Gold medals, Sydney ۲۰۰۰ Summer Olympics; Atlanta ۱۹۹۶ Summer Olympics.

عکس. ۲۸. در مراسم افتتاحیه بازی های المپیک در سال ۱۹۸۴ (U.S.A. ،لس آنجلس)

Los Angeles ۱۹۸۴ Summer Olympics, the opening ceremony, U.S.A..

C. آتن، مرکز عبادت الهه ها

در هر یک از شهرهای معروف یونا ن باستان، یک خدای خاص توسط شهروندان خود خدمت کرده است. مانند زئوس در المپیا، آتنا در آتن، آپولو در دلفی و جزیره دلوس و غیره (مراجهع شود به نقشه ۲ صحفه ۹۱) هر شهرستانی معابدی برای خدایان خود داشتند اما در میان آنها، معبدی خدای نگهبان از جایگاه و احترام خاصی برخوردار بود.
آتن باستان، یا آتن در عصر کلاسیک، (۵۰۸-۳۲۲ پ. م) یک دولت - شهر مهم در منطقه آتیکا، یونان بوده است. نام این شهر تاریخی از آتنا (مینروا معادل او در اساطیر روم باستان) ایزد بانو خرد و جنگ و الهه نگهبان این شهر گرفته شده است. در آتن، آتنا به عنوان ایزد بانوی نگهبان مورد پرستش قرار می گرفت. در بالای آکروپلیس (به معنای شهر مرتفع یا صخره مقدس) که بلندترین تپه شهر با ارتفاع ۱۵۰ متر بود، معبد آتنا قرار داشت که در قرن ۷ ق.م. بنا شده بود. نابودی این این پرشتشگاه معبد دیگر به نام پارتنون که ساخت آن در سال ۴۴۷ پیش از میلاد آغاز شد و تا سال ۴۳۲ پیش از میلاد به درازا کشید جایگزین شد. این پرستشگاه ویژه خدای آتنا می‌باشد [مراجعه به یاداشت ۳ "تاریخ معبد پارتنون " در صفحه ۱۰۳.] الهه آتنا خدای اصلی این معبد است، و بسیاری مجسمه ها و محراب های خدایان دیگر اساطیر یونان .به عنوان خدایان حامی، داخل این معبد مجسمه آتنا را احاطه کرده اند
همسان و معادل ایزد بانو سمیرامیس در یونان باستان، اسطوره ایزد بانو آتنا است. و همه ساکنان آتن در این معبد در واقع سمیرامیس (نسل شیطان - پیدایش ۳:۱۵) را پرستش می کردند.
در دوران اولیه مسیحیت، کلیسای ارتدکس یونانی این معبد را بازسازی کرده و از آن به عنوان ساختمان کلیسا در قرن ۵ میلادی استفاده می کرد. کلیسای ارتدکس یونان اجازه نداد که در آن خدایان بابلی پرستش شوند و این خیلی عجیب به نظر می آید که چرا آنها اجازه دادند که بتها در معبد در جایشان بمانند. آنها مجسمه مریم (مادر خداوند عیسی) را جایگزین الهه آتنا کردند. و این به این دلیل بود که کلیسای ارتدکس یونان از راز روحانی نهفته در پیدایش ۳:۱۵ نا آگاه بود.

D. یونان در کتاب مقدس

کتاب مقدس همچنین به شهر آتن اشاره میکند. پولس رسول در دومین سفر بشارتی خود (۵۱ میلادی) برای اولین بار از آتن دیدن می کند. منظره معبد پانتون و بت های شهر او را به خشمی روحانی برمی افروزد (اعمال ۱۷:۱۶) چرا که از راز پیدایش ۳:۱۵ آگاه بود. جهل روحانی مردم آتن او را متأسف کرد. در شهر پر از بت بود، او هر روزه به کنیسه یهودیان می رفت و در خصوص حقیقت و رستاخیز خداوند مسیح به یهودیان و خدا ترسانی که به یهودیت ایمان داشتند موعظه می کرد.

علاوه براین پولس انجیل خداوند عیسی را به یونانیانی که از بعد روحانی در جهالت بودند موعظه کرد. به خصوص در آگورا (به میدانهای عمومی مهم در شهرهای یونان باستان گفته می‌شد)، دیوانخانه، یا آرئوپاژ (معبد مقدسی در یونان باستان که محلّ تشکیل دادگاه رسیدگی به جنایات مذهبی و بحث و درباره مسائل فلسفی در آتن به شمار می‌آمد.)، مکان هایی که جمعیت زیادی در آنجا جمع می شدند. پولس رسول در این مکان ها مخصوصاً در آرئوپاژ (عکس ۲۹) که فیلسوف های اپیکوری و رواق گرای یونانی گر هم می آمدند، درباره خصوص تطبیق ادیان موعظه می کرد.

پولس رسول به وسیله شرح پنج جنبه از هویت خدای حقیقی در ایمان مسیحی، تفاوت میان ایمان مسیحی و خدایان در اسطوریونان را مقایسه کرد. اول، خدای مسیحیت خالق جهان و هرچه در آن است می باشد. دوم، او خود به همه موجودات زندگی و نفس داد. سوم، او بر همه انسانها حاکم است. چهارم، همه مردم فرزندان او می باشند. پنجم، او این جهان را قضاوت خواهد کرد. و این را شجاعانه و با اعتماد به نفس به یونانیان (اعمال رسولان ۱۷:۲۲/۳۱) توضیح داد.

بسیاری از یونانیان عمیقاً تحت تأثیر موعظه پولس قرار گرفتند و به مسیحیت گرویدن (اعمال ۱۷:۳۴). این رویداد تبشیری منجبر شد که برای اولین بار تعدادی از شهروندان یونانی به مسیح ایمان بیاورند. و با هدایت روح القدس پولس رسول در دومین و سومین سفر میسیونری کار بشارت در یونان به تدریج گسترش داد.

و این این امر برای مأموریت های میسیونری آینده پولس رسول بسیار حائز اهمیت بود. به این دلیل که، اگر چه یونان تحت حکمرانی امپراطوری روم بود، اما فرهنگ طبقه حاکم عمیقاً تحت تأثیر اندیشه و سنت یونانی قرار داشت، شامل فلسفه یونانی، شیوه زندگی، زبان یونانی، و غیره...

از طریق کلیسای قرنتس، تسالونیکی، فیلیپی، قسطنطنیه و رم که توسط پولس رسول و شاگردان او تأسیس شده بود، کار تبشیر در اروپا به سرعت

پیشرفت کرد. با وجود اینکه پولس رسول مرتباً هدف آفرینش (اشعیا ۴۳:۷/۲۱؛ پیدایش ۳:۱۵) که هسته مرکزی همه نبوت ها و ستون فقرات کتاب مقدس است را به رهبران کلیسا های مذکور یاد آور می شد، اما در تاریخ کلیسا مشاهده می کنیم که رهبران بسیاری از این نبوت همه و اساسی منحرف شده اند.

عکس. ۲۹. آرئوپاژ، تپه آرس
آرئوپاژ به معنای کرسی یا مقر آرس، خدای جنگ. بر فراز تپه سنگی در تصویر بالا . محلی برای برگزاری شورای آتن، محلّ تشکیل دادگاه رسیدگی به جنایات مذهبی و بحث درباره مسائل فلسفی

Areopagus, Acropolis, Athens, Greece; ۲۰۰۶. Licensor: ajbear AKA KiltBear (CC BY-SA ۲/۰)

عکس. ۳۰. معبد پارتنون ۴۳۸_۴۴۷

B.C., Parthenon, Athens, Greece

یاداشت ۳. تاریخ معبد پارتنون

معبد امروز پارتنون اولین معبد ساخته شده در آتن است. معبد های متعددی در آکروپولیس مرتفع ترین تپه شهر آتن ساخته و ویران شدند. معبد آتنا همچنین معبد پارتنون قدیمی هم خوانده می شود که توسط امپراتوری فارس (۳۳۰ - ۵۳۹ ق.م) ویران شد. در سال ۴۸۰ قبل از میلاد ۵۰ سال بعد از تخریب معبد آکروپولیس توسط فارس ها، این شهر معبد پارتنون را در همان مکان با مقیاس بزرگتر به منظور پرستش آتنا بنا کرد، ۹ سال بنای معبد طول کشید (۴۴۷ - ۴۳۸ ق.م) و سال ساخت مجسمه ها و محراب و دکوراسیون داخلی ۶ سال به طول انجامید (۴۳۲ ق.م) به این ترتیب این معبد پس از ۱۵ سال تکمیل شد.
کلیسای جامع ارتدکس یونان فضای داخلی ساختمان را بازسازی کرده و آن را به کلیسای ایاصوفیه تغییر نام داد. هزاران سال بعد، هزار سال بعد امپراطوری عثمانی (۱۲۹۹ - ۱۹۲۲ میلادی)، در سال ۱۴۶۰ کلیسای ایاصوفیه را به مسجد تبدیل کرد. ارتش امپراطوری عثمانی، از ساختمان به عنوان زراد خانه استفاده می کرد و بر اثر حادثه ای، مواد منفجره ذخیره شده در ساختمان معبد منفجر شد و باعث تخریب سقف و دیوارهای معبد شد، همچنین تمام مجسمه های خدایان یونانی در دتخل معبد خرد شدند.. تنها ۴۶ ستون از آن باقی مانده است که ساختمان بر آنها استوار است. آن ستونها امروزه هم وجود دارند و توریستهای زیادی را به خود جذب می کند.
یک مرد بریتانیایی، با اجازه امپراتور عثمانی، خرد های بت های یونانی را خریداری کرد و به موزه بریتانیا انتقال داد. در سال ۱۹۸۳، دولت یونان از دولت انگلستان درخواست کرد که تکه های خرد شده را به یونان بازگرداند. ولی دولت انگلستان به آن درخواست پاسخ منفی داد. و تا به امروز، آن خرده مجسمه ها در موزه ای در انگلستان نگهداری می شود. این بررسی تاریخی از بازی های المپیک و معبد پارتنون به وضوح نشان دهنده این است که چگونه آیین بابلی با چهره ای بومی در یونان باستان گسترش پیدا کرده و چگونه بر فرهنگ دنیای امروز تاثیر گذاشته است.

بخش دوم
گسترش آیین بابلی در امپراتوری روم

امپراتوری روم (۶۳ ق.م - ۴۷۶ میلادی) که امپراتوری یونان را به دنبال داشت (امپراتوری اسکندر کبیر، ۳۳۰-۶۳ ق.م.) کل اروپا (به جز آلمان)، خاورمیانه و شمال آفریقا را برای مدت تقریبا ۵۰۰ سال تحت سلطه داشت (مراجعه کنید به نقشه ۳). امپراتوری روم، که متعاقب از تمدن هلنیستی یونان بود، آیین یونانیان، که نسخه تعدیل شده از آیین بابلیان بود را پذیرفت. در این دوره جفای شدیدی از طرف امپراطوری روم بر کلسیا وجود داشت. و بسیاری از مسیحیان مراسم پرستشی خود را در کور دخمه ها انجام می دادند. در نهایت، امپراطور روم "کنستانتین" تحت تاثیر مادرش که توسط یکی از مسیحیان کلیساهای زیر زمینی تبشیر شده و به مسیحیت گرویده بود، در سال ۳۱۳ میلادی به کلیسا آزادی پرستش و مالکیت دارائ داد. و در سال ۳۸۰ میلادی، تئودوسیوس مسیحیت را دین رسمی امپراطوری اعلام کرد.

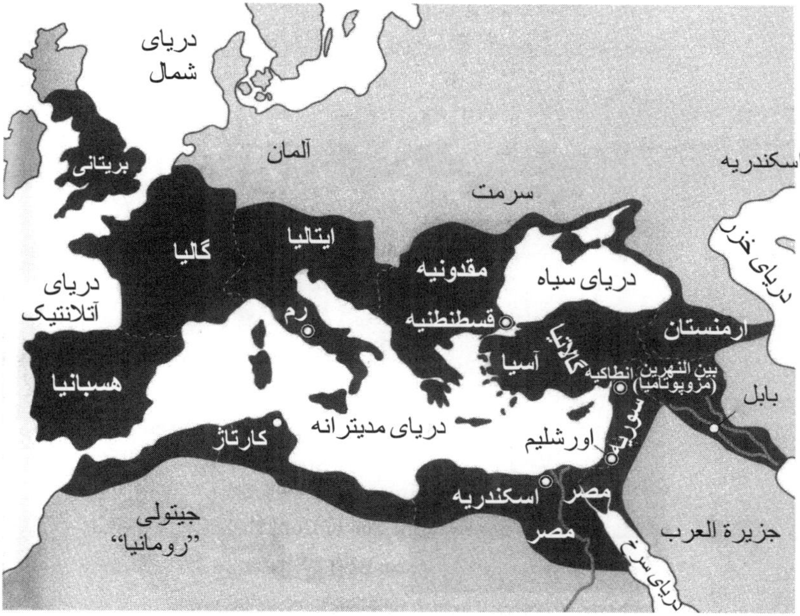

نقشه. ۳. حداکثر قلمرو امپراتوری روم (قرن اول میلادی)
و پنج ناحیه کلیسای اولیه

A. بومیسازی مسیحیت اولیه و پرستش مریم

بعد از اینکه مسیحیت دین رسمی امپراتوری شد، نفوذ آیین بابلیان به راحتی فروکش نکرد. با اینکه مسیحیت دین رسمی شده بود ولی رومیان به خاطر دلایلی به مسیحیت ایمان نمی آوردند.

اولین دلیل این بود که، در آیین بابلیان الهه ها پرستش می شدند ولی در مسیحیت الهه ها پرستش نمی شدند. دومین دلیل اینکه در آیین بابلیان الهه ها بیشتر از خدای پسر مورد پرستش قرار می گرفت. و باالعکس، در مسیحیت "عیسی" پسر خدا مورد پرستش قرار می گیرد. به این ترتیب برای رومیان مشکل بود که نظری موافق با ایمان مسیحی داشته باشند، چرا که مسیحیت را در جهت خلاف آیین خود می دیدند

در آن زمان پنج کلیسا منطقه ای در دنیای مسسیحیت وجود داشت، کلیسای روم، انطاکیه، قسطنطنیه، اسکندریه در مصر، و کلیسای اورشلیم. در میان آنها، کلیسای روم با رهبری آگوستین (۳۵۴-۴۳۰ م) ایده پرستش مریم را ابدا کرد. آنها عقیده داشتند که اگر مریم مادر عیسی در نام سمیرامیس و خود عیسی را در نام تموز بومی سازی کنند، در این صورت مردم امپراتوری روم (ایمان مسیحی را می پذیرند و به مسیحیت ایمان می اورند عکس. ۳۱، ۳۲).

عکس. ۳۱. سمیرامیس و تموز

Kitto's Illustrated Commentary, Vol. ۴, p. ۳۱; Alexander Hislop. The Two Babylons, Antioch, ۱۹۹۷. p. ۲۹.

عکس. ۳۲. مریم و عیسی کودک

Raffaello Sanzio. Madonna del Granduca, ۱۵۰۵ A.D., Palazzo Pitti, Florence, Italy.

در سال ۴۳۱ میلادی ۲۵۰ تن از هبران پنج کلیسای منطقه ای نام برده شده، در افسس به منظور بحث در مورد این موضوع گرد هم آمدند. این اولین جلسه ای بود که در خصوص رسیدگی به ایده پرستش مریم تشکیل می شد و نام شورای افسس را به خود گرفت. در شورا، کلیسای روم "تئوری مریم به عنوان مادر مقدس" و "تئوری بکارت دائمی مریم" در دستور کار ارائه داد. در آن زمان، به جز رهبران کلیسای روم، تمام رهبران از چهار کلیسا منطقه ای دیگر این نظریه را رد کرده و آن را پوچ و مغایر با کتاب مقدس دانستند. با این حال، پس از آن، مذاکرات زیر میزی مداوم توسط کلیسای روم آغاز شد ، و در اکتبر سال ۴۵۱ میلادی شورای خلقیدون یا کلسدون که در واقع چهارمین شورای جهانی کلیسا به شمار می‌رود، در کلسدون کنار تنگه بسفر

و در نزدیکی قسطنطنیه برگزار شد. در این شورا رهبران ۶۰۰ کلیسا گرد هم آمدند و رسماً این دو پیشنهاد را به تصویب رساندن.
از آن زمان به بعد، پرستش مریم ایمان مسیحی را در سرتاسر جهان به فساد کشاند. و در هر جا که امپراطوری روم قدرت حکمرانی داشت، پرستش مریم رواج و گسترش پیدا می کرد. کلیسای ارتدکس یونان مریم را مورد پرستش قرار دادند. درنهایت، هزار سال بعد در سال ۱۵۱۷ میلادی جنبش اصلاحات پروتستانی به رهبری مارتین لوتر، ژان کالون، اولریش زوینگلی و دیگر اصلاح طلبان پروتستان اولیه شکل گرفت که پرستش مریم و ایده های پوچ و نامعقول مربوط به آن را رد کردند. با این حال، هنوز هم کلیسای کاتولیک روم و ارتدوکس ایده پرستش مریم را ترویج می دهند، حتی امروزه.
کلیسای کاتولیک ایده پرستش مریم را در قرن ۱۹ میلادی توسعه بیشتری داد. در سال ۱۸۵۴ میلادی، پاپ پیوس نهم این ایده را به "معصوم بودن مریم" و "معصوم بودن ابدی مریم" ارتقا داد. و در سال ۱۹۵۰ میلادی، پاپ پیوس دوازدهم ایده "عروج مریم" را مطرح و ترویج کرد. و در نهایت واتیکان دوم (و یا شورای دوم واتیکان، ۱۹۶۲-۱۹۶۵ میلادی) مقام مریم را به "مریم همسر خدای پدر" ارتقا داد.
با نگاهی به این روند، می توان به وضوح نفوذ عمیق آیین بابلیان را در اروپا مشاهده کرد. نا آگاهی از راز نهفته در پیدایش ۳:۱۵، منجر شد که کلیسای کاتولیک دچار اینچنین خطای فاحشی بشود.
برای گسترش پیام انجیل در بین مردم جهان، شاید بهتر باشد که با توجه به بافت فرهنگی مناطق مختلف این پیام را طوری به آنها برسانیم که ذات انجیل بومی سازی یا همرنگ سازی) "contextualization " تحریف نشود. این را با آداب و رسوم). به عنوان مثال، وقتی پیان انجیل در شبه جزیره کره موعظه شد، کلیسا ایمان داران را تشویق کرد که در مراسم سالیانه یادبود والدین خود، به جای زانو زدن، تعظیم، سجده کردن، و قربانی دادن در زیارتگاه آبا و اجدادی خود، خداوند را خدمت کنند. به این ترتیب آنها می توانند در مراسم یابود والدین خود به جای پرستش بت ها خداوند را پرستش کنند. این یک نمونه مناسب از بومی سازی می باشد.
ولی زمانی که در بومی سازی ایمان مسیحی افراط شود، اعتفاد به توحید عقاید یا همتایی ادیان پیش می آید که این امر ضربه بزرگی به حقیقت ذات انجیل وارد خواهد آورد.برای مثال، اگر مقدار اندکی این ایده را تحریف و دستکاری کنیم و بگوییم، "خداوند فرمان داده که به والدین خود احترام بگذاریم، بنابراین مناسک متوفی که در بالا ذکر شد، برای والدین مرحوم کاری خدا پسندانه است." این عمل در واقع با بت پرستی هیچ فرقی ندارد.
پس اگر میسیونرها و مبشرین مسیحی در راه موعظه انجیل حقیقی در بومی

سازی و پذیرش فرهنگ های دنیوی افراط کنند،از چهارچوب ذات پیام انجیل خارج شده، پیام هسته ای انجیل را از دست می دهند. تلفیق سمیرامیس و تموز با مسیحیت در کلیسای منطقه ای روم نمونه خوبی است از بومی سازی غیر کتاب مقدسی ایمان مسیحی. اگر آنها واقعاً از هدف آفرینش اگاهی داشتند (اشعیا ۴۳:۷/۲۱) و راز نهفته در پیدایش ۳:۱۵، آنها دچار چنین خطای بزرگی نمی شدند.

B. چرا مسیحیت اولیه بومی سازی شد؟

اگر ما فرایند بومی سازی کلیسای اولیه را که تحت رهبری کلیسای روم بود را بررسی کنیم. به دو خصوصیت کلی در کلیسای اولیه می رسیم.
اولین خصوصیت، پذیرفتن پرستش مریم در کلیسای روم در واقع ابزاری شد که کلیسای روم بتواند اعضاء و قدرت کلیسا را بسط و توسعه دهد. به منظور جذب پیروان آیین بابلی به کلیسای روم، و برای افزایش اعضای خود، کلیسای منطقه ای روم مسیحیت را بومی سازی کرد. وقتی هویت سمیرامیس را با مریم و هویت عیسی مسیح را با تموز تلفیق دادن ، و این کار باعث شد عده زیادی، کسانی که به آیین بابلی اعتقاد داشتند و یا با آن آشنا بودند به مسیحیت بپیوندند. از آن به بعد، عشق و تحمل روح عیسی در پریشانی و فشار قرار گرفت، و کلیسای روم موقعیت سازش را در مقابله با ادیان بت پرست ادامه داد.
در تاریخ کلیسا به موردهای بسیاری برخورد می کنیم که در نام رشد و توسعه کلیسا و جذب اعضای بیشتر از روشهای غیر کتاب مقدسی استفاده شده است. این پدیده امروزه هم در کلیسا دیده وی شود. این گروه تلاش می کنند با ساخت ساختمانی عظیم برای کلیسا تعداد اعضا را افزایش دهند، و سرویس های خدماتی و برنامه های میسیونری ارائه میدهند که برای کلیسا هدایای قابل توجه ای به همراه داشته باشد. به این ترتیب، پول و قدرت تبدیل به بت هایی شده که در این کلیساها مورد پرستش قرار می گیرند. و هدف آفرینش، راز نقشه بزرگ نجات توسط عیسی خداوند که در نبرد بین نسل زن و نسل شیطان پنهان است کم رنگ می شود.
دلیل ذیگری که کلیسای اولیه در روم به روشی غیر کتاب مقدسی بومی سازی شد این است که رهبران کلیسای اولیه و مسیحیان آن زمان از معرفت روحانی کمی برخوردار بودند. بسیاری از آنها دانش کتاب مقدسی نداشتند. آنها از پیام مرکزی کتاب مقدس که آموختن هدف آفرینش به آنها بود بی اطلاع بودند. از آن بدتر، این است که آنها کتاب مقدسی کاملی که دارای عهد عتیق و عهد جدید باشد را در اختیار نداشتند.
عهد عتیق در شکل کمی بهتری از عهد جدید بود. با اینکه عهد عتیق به

یونانی ترجمه شده بود، با این حال خواندن آن برای مردم عادی کار سختی بود. بنابراین، عهدعتیق قابل استفاده عامه ایماندارن نبود. در قرن آخر قبل از مسیح، متخصصین یهودی اقدام با نگارش ترجمه یونانی کردند. طبق گزارشات تاریخی ۷۲ مترجم در این کار شرکت داشتند. آن ترجمه به نام که در یونانی به معنای ۷۰ است، معروف گشت. (Septuagint) سپتواجنت (Jerome) در نیمه اول قرن چهارم بعر از میلاد شخص عالمی، به نام جروم اقدام به نگارش ترجمه لاتین عهد عتیق کرد. این ترجمه ها امکانی را به وجود آورد که مردم بیشتری عهد عتیق را بخوانند، اما باز هم عهد عتیق در سطح همگانی، قابل خواندن نبود.

همانطور هم عهد جدید، زمانی که کلیسای روم شکل گرفت هنوز به عنوان سندی کامل در نیامده بود. و از قرن یکم تا قرن چهارم میلادی فقط به صورت کتابهای جداگانه در دسترس قرار داشت. در اواخر قرن چهارم میلادی، رهبران کلسیا درسومین شورای کارتاژ که در سال ۳۹۷ تشکیل شد، در بیانیه ای رسمی، لیست کتابهای که الهامی بودن آنها مورد تأیید کلیسا قرارگرفته بود را منتشر کردند، مجموعه کتابها مورد قبول واقع شده را «کانن» کتاب مقدس نام نهادند. منظور از «کانن» نوشته های است که از الهام خدایی و اعتبار برخوردار است. این لیست دقیقاً شامل ۲۷ کتابی می گردد که امروزه در عهد جدید وجود دارد نه بیشتر نه کمتر.

در این وضعیت، تقریباً غیر ممکن بود که از کتاب مقدس در سطح جهانی استفاده شود. بدتر از آن، این است که در کلیسای روم تنها کاهنان والهیدانان اجازه داشتند که کتاب مقدس را بخوانند. و با میزان بالای بیسودای در آن دوران، برای مردم عادی خیلی سخت بود که کتاب مقدس را بخوانند حتی اگر کتاب مقدسی در اختیار آنها قرار می گرفت. در قرون وسطی، مردم عادی اجازه داشتن کتاب مقدس را نداشتن. با ادامه این وضع، ایماندارن مسیحی در شناخت مضمون کتاب مقدس در نادانی نگه داشته می شدند، و هیچ کس با ایدها و عقاید فاسد کلیسای روم از قبیل "مریم مادر خدای پدر" یا "باکره بودن ابدی مریم" به ضدیت بر نمی خواست.

این دوره ۱۰۰۰ ساله را مورخان "دوره میانی" می نامند، که با گریگوری اول که در سال ۵۹۰ میلادی به مقام پاپ در کلیساس روم رسید آغاز شد، و در سال ۱۵۱۷ میلادی با نهضت اصلاحات به پایان رسید. مورخان مسیحی، قرون فئودالیسم (نظام ارباب–رعیتی) را قرون تاریک تاریخ کلیسا می دانند. دورانی که کلیسا اهمیت هدف آفرینش، که جلال دادن خدا میباشد را تشخیص نداده، باالعکس رهبران کلیسا کوشیدن با کسب پول و قدرت بیشتر به دنبال جلال خویش باشتد تا جلال خداوند.

بود که کتاب مقدس به (Reformation) تنها پس از نهضت اصلاحات

زبانهای دیگر از قبیل، آلمانی، فرانسه، ایتالیا، و انگلیسی (King James Version) ترجمه شد و در دسترس عموم قرار گرفت. و چشم روحانی مردم با خواندن کتاب مقدس باز شد.

به علت نا آگاهی کلیسای روم، از اهمیت هدف آفرینش، این کلیسا دست به بومی سازی ایمان مسیحی در طیف افراطی آن زد. این اشتباه منجر شد که کلیسا یک دوره ۱۰۰۰ ساله را در تاریکی روحانی طی کند. امروزه ما با مشاهده این رویداد باید آز آن درس گرفته، و از تکرار آن، که نتایج وحشتناکی به بار می آوردند اجتناب کنیم.

عکس. ۳۳. ترجمه سپتواجنت (نسخ LXX) - هفتادگانی

Septuagintaˌ : هَفتادگانی (به لاتین در عربی: سبعینیه) نسخه‌ای است از نسخ عهد عتیق که در قرن سوم قبل از میلاد به زبان یونانی توسط متخصصین یهودی ترجمه شد. نسخ سینائیه و نسخ واتیکان در قرن چهارم قبل از میلاد، و نسخ اسکندریه در قرن پنجم قبل از میلاد و نسخه های ذیگر امروزه به دست ما رسیده است. تصویر بالا قسمتی از کتاب استر ۱: از نیمه آیه ۱-۱۵ در نسخ سینائیه می باشد. جروم در ترجمه ولگاته (Vulgate) اش از این نسخ سپتواجنت استفاده کرد.

Sinaiticus, around ۳۶۰–۳۳۰ A.D.; ۱۸۴۴, St. Catherine's Monastery, Sinai, Egypt; Germany Leipzig University, Russia National Library, British Library; Esther ۱:۱h۱:۱۵-, folio: xiii_v, www. codex-sinaiticus.net.

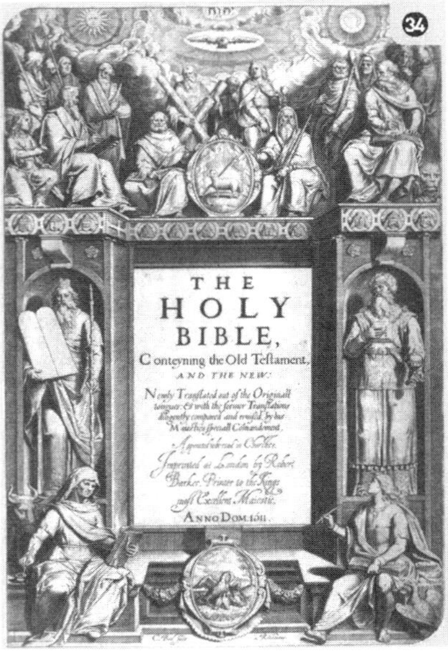

عکس. ۳۴. جلد نسخه جیمز پادشاه

در بالای صفحه نوشته شده است، یهوه خداوند)، و ، YHWH (تتراگراماتون در زیر آن، یک کبوتر که نمادی از روح القدس است بر دوازده شاگرد عیسی مسیح خداوند فرود می آید. در میان شاگردان، بره صلیب را حمل می کنئ. در هر طرف از متن میانی موسی و هارون به تصویر کشیده شده اند، و در هر گوشه ای، نویسندگان چهار انجیل.

The Holy Bible, London, UK, Robert Barker, ۱۶۱۱; Annenberg Rare Book and Manuscript Library, BS۱۶۱۱ ۱۸۵ .L۶۵, The University of Pennsylvania, U.S.A..

C. خورشید، ماه و ستاره ها در کلیسای کاتولیک روم

مبنای کار که گسترش مسیحیت در امپراتوری روم باشد کار خوبی بود. اما ایده پرستش مریم (مادر عیسی) ایمان مسیحی را با پوشش آیین بابلی پوشاند. چرا که در بومی سازی مسیحیت افراط شد. در نتیجه این افراط گرایی، عناصر آیین بابلی به شدت بر ساختار کلیسای روم تأثیر گذاشت که این باعث جدایی کلیسای ارتدکس یونان از کلیسای روم شد.
به خصوص در مجسمه مریم نوع افراطی بومی سازی را می توان دید، این مجسمه با خورشید،، ماه و ستارگان، سمبول های آیین بابلی تزئین شده است، :در زیر نمونه هایی از آن را ذکر خواهیم کرد.
در شهر اولوموتس در جمهوری چک در یادبود شکست مرگ سیاه (طاعون سیاه از نوع خیارکی)، کلیسای کاتولیک ستون طاعون مریم را بنا کرد (عکس ۳۵). در این ستون، بالای سرمجسمه عیسی نوزاد، با زینتی خورشید شکل تزئین شده است. و مجسمه مریم که تاجی ستاره شکل بر سر دارد و بر هلال ماه ایستاده است. و پایش مار که سمبول نماد ابلیس است لگد کوب می کند. این بدان معنیست که مریم، مصیبت ها و نفرین هایی که نسل بشر به آن دچار بودند، که در اینجا همان مرگ سیاه یا طاعون سیاه باشد را شکست داده است. کلیسای روم به منظور افزایش اعضایش، خیلی پوپا و پر حرارت و با پا فشاری زیادی، عناصر آیین بابلیان را پذیرفت و در آغوش گرفت، که نتیجه اش، پرستش این مجسمه ها و رواج بت پرستی می باشد. و این بت پرستی و کفر گویی را در غالب حقیقت به خورد مردم داد.
بیاید چند مثال دیگر را برسی کنیم. "کلیسای مادر خدا جلوی حصار (Church of Mother of God before Týn)" در شهر پراگ در جمهوری چک قرار دارد بر منار خود مجسمه مریم که با طلا تزئین شده جای گرفته است. مجسمه توسط اشکالی مانند پرتوی خورشید احاطه شده است. بدن مجسمه با ستارها تزئین شده است. و مانند دیگر مجسمه ها مریم بر هلال ماه ایستاده است- سبکی ویژه و مختص.

عکس. ۳۵. ستون طاعون مریم
واقع شده در در شهر پراگ در جمهوری چک. مجسمه مریم در بالای ستون روی هلال ماه ایستاده و تاجی بر سر دارد که با ستاره تزئین شده است. و ستون نمادی از اژدهایی پیچ خورده است.

۱۷۲۳–۱۷۱۶ A.D., Dolni namešti (Lower square),
Olomouc, Czech. Licensor: Michal Maňas
(CC BY-SA ۲/۵).

(به معنای دیوار یا حصار می باشد Týn -عکس. ۳۶. کلیسای مادر خدا جلوی دین (دین
Church of Mother of God before Týn

مجسمه مریم در منار مخروطی شکل کلیسای مادر خدا جلوی دین در پراگ،جمهوری چک. آنها برای تزئین مجسمه، فنجان های ساخته شده از طلا را آب کرند تا با آن ماه، ستارها، و خورشید را .برای تزئین مجسمه بسازند
.The ۱۴th century A.D., Prague, Czech. Licensor: W.Rebel (CC BY ۳/۰)

علاوه بر این، مجسمه ها ی مریم مشابه ای در سرتاسر اروپا وجود دارد. در عکسهای زیر، "عکس ۳۷. ستون مریم" در مارین بلاتز مونیخ در آلمان، ستون ماریا در شهر کوشیتسه، (Immaculata) عکس ۳۸ ستون طاعون مجسمه مریم در خیابان "the Ave Regina Pacis " اسلواکی، عکس ۳۹ رجینا باسیلیکای سنتاماریا مجیوره یک کلیسا کاتولیک واقع در رم، ایتالیا. در این مجسمه ها، ما تلفیق و پیوند بت های آیین بابلی که خورشید، ماه، و ستاره ها می باشند را در مجسمه مریم مشاهده می کنیم. مجسمه های متعدد دیگری در جمهوری چچک، آلمان، اسلواکی، و دیگر کشورهای اروپایی وجود دارند که اکثر آنها جزو میراث جهانی یونسکو می باشند.

نه تنها در مجسمه های مریم، بلکه در ساختمان های معروف کلیسای کاتولیک روم، ما می توانیم و تزئیناتی از خورشید، ماه و ستارگان پیدا کنیم. یکی از معروفترین آنها کلیسای پیتر مقدس است. کلیسای پیتر مقدس ، یکی از معروف ترین کلیسای کاتولیک روم به شمار می آید، که دارای یک گنبد مرکزی، که توسط میکل آنژ از معبد بت پرستان " پانتئون" الهام گرفته شده بود طراحی شده.

است. معبد پانتئون در ۲۷ میلادی در رم به منظور تقدیم قربانی به خدایان درکوه المپ در مقدونیه ساخته شد، خدایانی که اساطیر یونانی و رومی بودند. گنبد مرکزی معبد نماد خورشید است. گنبد کلیسای پیتر مقدس از روی آن طراحی شده است. خورشید و ستاره ها بر روی سقف گنبد نقاشی شده است. و درست در زیر آن، بر سقف کلیسای پیتر مقدس عکسی که نماد خورشید است وجود دارد (عکس ۴۱ - ۴۲). در این کلیسا خیمه چتر مانندی محراب مخصوص پاپ را پوشانده است، و گفته می شود که این محراب بر روی قبر پطرس رسول ساخته شده است. با این تمثیل، کلیسای روم بی پروا تلاش کرد، که قدرت پاپ را با قدرت خورشید برابر نشان دهد، و خورشید پرستی که سنت بت پرستان است را بپذیرد.

علاوه بر این، در کلیسای پیتر مقدس، ستونی است که عروج مار پیچی اژدها را به آسمان نشان می دهد. ستونی که اژدها بر آن حکاکی شده است را نه تنها در کلیسای پیتر مقدس بلکه در همه کلیسا های جامع می توان به راحتی ستون اژدها را مشاهده کرد. کلیسای کاتولیک روم، ایده اژدها پرستی را از آیین بت پرستان شرق گرفته است، که رد آن ادیان اژدها نمادی از اقتدار و قدرت است.

(Mariensäule) عکس. ۳۷. ستون مریم
این ستون دارای ۱۱ متر بلندی است که در Marinplatz پلازای مریم) در مونیخ واقع شده است. این ستون های) یادگاری به مناسبت تصرف سوئد به دست آلمانی ها در سال ۱۶۳۸ بنا شد که در ان مریم بر هلال ماه ایستاده است.

۱۶۳۸ A.D., Munich, Germany. Licensor: CavinB (CC BY-ND ۲/۰)

ستون طاعون، Immaculata. عکس. ۳۸
واقع در کوشیتسه، اسلواکی. این ستون ۱۴ متر بلندی دارد. در این ستون مریم ماری را زیر پایش در حال لگد کوب کردن است. و با پای دیگرش بر هلال ماه ایستاده است، بالای سر او با هاله ای از ستاره تزئین شده است.

۱۷۲۳ A.D., Hlavná ulica (Main Street), Košice, Slovakia. Licensor: Marian Gladis (CC BY-SA ۳/۰).

درود صلح) Ave Regina Pacis. عکس. ۳۹
(مریم
نجسمه مریم، با هاله که در داخل خو ستاره هایی را دارد، در کلیسای سانتا ماریا مگیوره، رم، ایتالیا واقع شده است.

Guido Galli. the ۲۰th century A.D., Basilica Di Santa Maria Maggiore, Rome, Italy. Licensor: Fernando Nunes – xiquinhosilva (CC BY ۲/۰).

عکس. ۴۰.کلیسای جامع آسیسی (Assisi Cathedral)

مریم و عیسی

پیکر تراشیده مریم و عیسی در بالای نماد سر در ورودی کلیسای جامع آسیسی حکاکی شده است. بر این ستون همچنین ماه، ستاره ها، و اژدها در حال مارپیچ حکاکی شده است.

The ۱۱th century A.D., Duomo di San Rufino (Assisi Cathedral), Assisi, Italy.

کس. ۴۱. کلیسای پیتر مقدس ، گنبد مرکزی و سقف این کلیسا

تصاویری که نماد خورشید است بر آن نقاشی شده است.

The ۱۶th century A.D., San Pietro Basilica, Vatican. Licensor: Sarah Sampsel (CC BY-ND ۲/۰).

عکس. ۴۲. تصویری از Baldacchino در کلیسای پیتر مقدس

در این کلیسا خیمه چتر مانندی محراب مخصوص پاپ را پوشانده است. چهار ستون شبیه به شکل اژدها است؛ خورشید در قسمت فوقانی ستونها حک شده است.

Gian Lorenzo Bernini. ۱۶۳۳_۱۶۲۴ A.D., San Pietro Basilica, Vatican. Licensor: Ricardo André Frantz (CC BY-SA ۲/۵)

D. پرستش مار، افعی و اژدها در دوره میانه مسیحیت

مسیحیان در قرون وسطی، مخالف تمثیل های مار، اژدها و دیگر تمثیل های ابلیسی بودند. آنها با دانشی که از کتاب مقدس بدست آورده بودند، می دانستند که مار ، افعی، و اژدها نماد ابلیس می باشد. به همین علت است که مجسمه های و نقاشی هایی از آن دوران دیده میشود که در آنها مقدسین در حال کشتن مار، افعی، و اژدها با نیزه هستند. برای نمونه، افسانه سنت جورج، که به عنوان یک قدیس یاد میشود، ادعا می کند او با کشتن یک اژدها ظالم، در لیبی را به کیش مسیحیت گروانده است. او در بیشتر نقاط Silena اهالی اروپا به عنوان قدیس مشهوریت زیا دی دارد. افسانه های بسیاری در ارتباط با ستودن قدیس های که اژدها را کشته و بر او غالب آمدن وجود دارد. همانطور که در پیش در مجسمه مریم مشاهده کردیم، مریم در حال لگد مال کردن مار به تصویر کشیده شده است، کعه این دلالت دارد که مسیحیت با ابلیس در نبرد و مقابله است و بر او غالب آمده است.

که در دوران میانه بنا شده (cathedrals) همانطور که ما از کلیسای جامع بود دیدن کردیم. در خیلی مواقع در کلیسا های جامع کاتولیک و ارتدکس به تصویرهایی از مار برخورد می کنیم. در موارد بسیاری در این کلیساها به تندیسها و تصاویر بسیاری از اژدها، مار، و دیگر حیواناتی که سمبول شیطان هستند برخورد می کنیم. از میان بسیاری از این نمونه ها، در زیرچند تا از آنها را به عنوان مثال بیان می کنیم.

برای نمونه تندیس گارگویل (آب پران، درمعماری سنتی گاه در پایان ناودان‌ها یا فواره‌ها مجسمه‌های کوچکی به شکل جانوران زشت‌چهره یا دهان باز یک جانور یا صورتکی زشت درست می‌کنند که در معماری به آن آب‌پَران یا دهانه‌اَژدَر گفته می‌شود)، به شکل اژدها و چنین نماد های جورواجور از ابلیس ساخته شده است. در اصل، گارگویل در معابد مصر، یونان، روم، پمپی، و غیره برای جمع آوری آب باران بر روی سقف و خارخ کردن آن به بیرون مورد استفاده قرار می گرفت است، در دوران باستان، لوله های آب باران به صورت افقی به هم متصل می شدند، نه به صورت عمودی امروز، و طول لوله ها را تا آنجا که ممکن بود طویل می گرفتند به ساختمان آسیبی رسیده نشود. این روش معماری در قرون میانی ادامه داشت، و آنها در خارج از ساختمان کلیسا با قرار دادن تصاویری از حیوانات مختلف که نمادین (شر و جادوگرای بودند لوله های خروجی آب را طراحی می کردند (عکس ۴۳ از مجسمه این جانوران به عنوان ابزاری مهم برای تزئین بنای خارجی ساختمان کلیسا در پشت ناودان آب استفاده می شد (عکس ۴۴). کلیسای کاتولیک روم، در دوران میانی با در نظرگرفتن عشق عمومی خداوند، ابلیس را در کلیسا.

عکس. ۴۳. گارگویل یا آب پران
کلیسای جامع میلان
بزرگترین کلیسای جامع گوتیک در میلان، ایتالیا. متشکل از ۱۳۵ مناره و بسیاری از مجسمه ها،این ناودان دارای چهره حیوانی است با دم مار.

The ۱۴th–۱۹th centuries A.D., Duomo di Milano, Lombardy, Italy. Licensor: John Picken (CC BY ۲/۰).

عکس. ۴۴. دکوراسیون کلسیای جامع سانتا کروچه
،یک کلیسای جامع در فلورانس، ایتالیا
که دارای دکوراسیونی از مجسمه های اژدها ست.

The ۱۵th century A.D., Chiesa di Santa Croce, Firenze, Italy. Licensor: Gabriele – Yellow.Cat (CC BY ۲/۰).

عکس. ۴۵. گارگویل های کلیسای جامع نوتردام پاریس
بسیاری از گارگویل ها در دیوار بیرونی کلیسای نوتردام پاریس.

The ۱۲th–۱۸th centuries A.D., Cathédrale Notre-Dame de Paris, France. Licensor: Robin Zebrowski – firepile (CC BY ۲/۰).

عکس. ۴۶. تندیس گارگویل کلیسای جامع نوتردام پاریس

The ۱۲th–۱۸th centuries A.D., Cathédrale Notre-Dame de Paris, France. Licensor: Sharon Mollerus – clairity (CC BY ۲/۰).

پذیرفتن، و اینگونه اظهار داشتند که، از آنجا که مسیحیت سرانجام بر ابلیس غالب می آید، از نقطه نظر غالب آمدن کلیسا، احتیاجی نیست که ابلیس را از ملکوت و سلطنتش محروم کنیم.

یکی از نمونه های خاص، کلیسای جامع نوتردام پاریس (Notre-Dame de Paris Cathédrale) می باشد. همانطور که در تصویر بالا می بینید، کار گارگویل این است که آب باران را که در شیروانی هایی دیوار بیرونی جمع می شوند را از دیواره به به بیرون می ریزد (عکس ۴۵)، و یا به عنوان محافظان کلیسای جامع از آنها استفاده می شود (عکس ۴۶). از آنجا که کلیسای کاتولیک روم معتقد بودند که این تصاویر این حیوانات که نمادهای ابلیس باشند، دیگر دشمنان کلیسا محسوب نمی شوند، بلکه آنها برده هایی در اختیار کلیسا هستند، و به آنها اجازه داده می شود که کارهای پلید انجام بدهند.

مشکل اینجا بود که، این تندیسهای پلید و شیطانی موقعیت و جایگاهی شبیه به خدایان افسونگر و نگهبان پیدا می کردند، که وضیفه دفاع از کلیسا در مقابل انواع بد شانسی ها، فاجعه ها، اتفاقات شوم و ناگوار. آنها مانند مجسمه های هیولا های بزرگی هستند که بر در ورودی معابد بودایی ایستاده اند و نقش محافظت از معابد و راهبان را از گزند شر بازی می کنند. و این به خاطر تاکید بر محبت عمومی خداوند در دیدگاه مذهبی شان بود. اشتباه کلیسای کاتولیک روم استفاده از نماد های پلید شیطانی درمکانهای پرستشی کلیسا بود. از نماد های که در آیین های بت پرستان مورد استفاده قرار می گرفتند.

نه تنها این، بلکه در نمای سردر کلیسای پطرس مقدس، و در سقف درونی آن و در کف سالن این کلیسا تندیس مار حکاکی شده است (عکس ۴۸).

پاپ گرگوری سیزدهم تصویر (coat of arms) همینطور در مرکز نشان

اژدها بکار گرفته شده است عکس (۴۹). پاپ گرگوری سیزدهم یکی از پاپ‌های کلیسای کاتولیک رم بود که در ایتالیابه دنیا آمد و از ۱۵۷۲ تا ۱۵۸۵ بسیاری از پاپ ها و (coat of arms) میلادی پاپ بود. نه تنها او بکله نشان اسقف ها اعظم، این تصاویر که نماد قدرت، و اقتدار است دیده می شود. با این که در کتاب مقدس این حیوانات خیلی منفی توصیف شده اند، ولی کلیسای کاتولیک روم به علت نداشتن دید روحانی در این مورد دچار اشتباه شده از روی بی احتیاتی نمادهای ادیان بت پرست را در آغوش گرفتند. و این فی الواقع به خاطر عدم آگاهی از هدف آفرینش که خدای یهوه در پیدایش ۳:۱۵ نبوت کرده بود می باشد. هر دو کلیسای کاتولیک و ارتدوکس روم برای ترویج و افزایش سریع اعضایشان، از تصاویر آن بتها استفاده کردند. و این را طوری به نمایش گذاشتن که معتقدانان ادیان دیگر تصور کنند که "بین مسیحیت و ادیان خودشان هیچ گونه تفاوتی نیست." کاتولیک ها بدون ایجاد هیچ مانعی در را به روی آنها کاملا باز نگه داشتن.

بنابراین حالا، ساختن تمثیل های مار و اژدها و قرار دادن آنها در مکانهای پرستشی کلیسا به صورت مجسمه، نقاشی، و فراوردهای دست ورزی در کلیسای کاتولیک و ارتدکس خیلی رایج گشت. آنها تصاویری از اژدها و مار را در بسیاری از موارد بر روی نرده ها، ستون ها، صندلی ها، عصای های مطرانی (عکس ۵۱) و غیره حکاکی کردند. حتی در بین آنها یک صلیب اژدها شکل هم وجود دارد که در تصویر زیر (عکس ۵۲) دیده می شود. با دیدن اینها، متوجه ناآگاهی و عدم حساسیت روحانی مسیحیانی می شویم که چنین فرهنگی را در کلیسا رواج دادند.

جدی تر از آن، این است که امروزه مسیحیان درباره این پدیده منفعل عمل می کنند. یکی از بدعتها که امروزه خیلی رواج گرفته است "کثرت گرایی دینی" است، آنها بر این باورند که عیسی با نامهای مختلف در همه ادیان حضور دارد. امروزه این تفکر در مسیحیت خیلی رایج شده است. بنابراین، این موضوع که خورشید، ماه، ستاره ها، اژدها، و مار در ادیان مختلف، نمادهای ابلیس هستند، خارج از تاریج و به عبارتی دیگر، تاریخ گذشته محسوب می شوند. کلیسای کاتولیک روم افراط را در بومی سازی مسیحیت جائز دانست، چرا که هدفش گسترش مسیحیت بود. و استدلال و پایه منطقی کارش محبت عالمگیر و همگانی خداوند بوده و است. ولی به خاطر فرآیند بومی سازی مسیحیت در نوع افراطی اش، کلیسا در تاریکی روحانی فرو رفت، و ما می توانیم تاثیر شدیداً مخرب و مضر آن را که نتیجه افراط در بومی سازی است را با نگاهی به تاریخ مسیحیت مشاهده کنیم.

عکس. ۴۷. نقاشی اژدها بر کف ورودی، کلیسای پطرس مقدس
پاپ گرگوری (coat of arms) نشان سیزدهم

The ۴th century A.D.; the ۱۶th century, San Pietro Basilica, Vatican. Licensor: Tomohisa Hashimoto (CC BY-SA ۲/۰).

عکس. ۴۸. اژدها در نمای سردر، کلیسای پطرس مقدس
این کلیسای جامع، در قرن ۴ میلادی ساخته شد، ودر قرن ۱۶ توسط معماران دوران رنسانس از جمله میکل آنژ بازسازی شد. در آذین بالای در ورودی این کلیسا، تصویر عقاب و مار تندیس شده است.

he ۴th century A.D.; the ۱۶th century, San Pietro Basilica, Vatican.

عکس. ۴۹. نشان (coat of arms)
پاپ گرگوری سیزدهم
از ۱۵۷۲ تا ۱۵۸۵ میلادی پاپ بود.

Coat of arms of Pope Gregorius XIII. Licensor: Odejea (CC BY-SA ۳/۰).

عکس. ۴۹. نشان (coat of arms)
پاپ پل پنجم
از ۱۶۰۵ تا ۱۶۲۱ میلادی پاپ بود.

Coat of arms of Pope Paulus V. Licensor: Odejea (CC BY-SA ۳/۰).

عکس. ۵۱. عصای مطرانی، تزئین شده با تصاویر مار و شیر
عصای مطرانی (که بسیار بلند و سرخمیده است و در مراسم رسمی توسط لسقف ها حمل می شود.

Around ۱۲۰۰ A.D., Limoges, France; Musée du Louvre, Paris, France.

عکس. ۵۲. اژدها در صلیب، صومعه ارتدوکس در یونان

The ۵th–۶th centuries A.D., Greek Orthodox monastery.

بخش سوم
گسترش و گرایش آیین بابایان در خاورمیانه

دین و آیین بابایان در خاورمیانه آغاز شده بود.تمام مناطق خاورمیانه مستقیما تحت تاثیر سمیرامیس قرار داشت.پرستش سه خدا که همان خدای خورشید،خدای ماه و خدای ستاره باشد رواج بسیاری داشت.این خدایان با تغییراتی کمابیش تابع از بین النهرین در شمال به سوریه و ترکیه ، در شرق به کنان و در غرب به عربستان سعودی نفوذ کردند.

۱:عبادت و پرستش ماه و ستارگان

سمیرامیس خدا بانوی ماه در خاورمیانه،موقعیت حکمروایی خود را محافظه نمود.موقعیت بسیار گرم و صحرایی آن مناطق زمینه ساز این مسئله شد.اکثر مردم خاورمیانه مشغول به دام داری بودند،از این رو از ساعات گرم و آفتابی گریخته،کار در شب زیر نور مهتاب رو ترجیه می دادند. با مشاهده افرادی که زیر نور آفتاب از حال رفته و شب هنگام زیر نور ماه به هوش می آمدند،به اینکه ماه قدرتی عجیب و سحرآمیز دارد اعتقاد یافتند.از آنجا که حلال ماه تاریکی را دریده و با گزشت زمان شکلی کامل به خود میگرفت،آنها ماه رو سمبل زندگی،ثروتمندی،خوش شانسی،امید و سمبلی از نعمات بسیار دانستند.با این دیدگاه به ماه قد ت سمیرامیس روز به روز بیشتر شد.
قبل از پیدایش اسلام (۶۱۰ه.ق) خاورمیانه با های بسیاری برگرفته از آیین بابلیان را در بر داشت.به بررسی چند مثال خواهیم پرداخت.در تصویر ۵۴ مجسمه ای را مشاهده میکنید که در شهرستان تاریخی پالمیرا واقع در سوریه تا قرن چهارم ه.ق وجود داشته.
این شهرستان در تاریخ ۹۵۰ق.م به فرمان شاه سلیمان بنا شد.مجسمه ای که در وسط قرار دارد به عنوان خدای باران و نعمت و برکت شناخته میشود.با حکمرانی م دان پرقدرت خاورمیانه این خدایان جنسیت مذکر پیدا کردند،اما وجود خدا بانو سمیرامیس در اصل و ریشه آنها واضح است.
امروزه روی سکه های تاریخی که در پرسپولیس واقع در ایران کشف شده،به

وفور میتوان نماد های ستاره و ماه را مشاهده نمود.
در تصویر ۵۳ سکه های مطعلق به دوره ساسانی از قرن ۳ تا قرن ۷ ه.ق در ایران را مشاهده میکنید.بر روی این سکه های نقره،دور نقش خسروی دوم (۵۹۰،۶۲۸ق.م) نقوش ماه و ستارگان را میتوان مشاهده کرد.این کشفیات بیانگر رواج بسیار زیاد پرستش ماه و ستارگان در آن دوره است.
سه خدای بابل از بین النهرین به مرکز خاورمیانه یعنی عربستان سعودی ترویج پیدا کردند.همان طور که از قبل پیشبینی میشد،صحرانشینان خاورمیانه،از میان این خدایان خدای ماه رو ترجیه داده و به پرستش او پرداختند.از این رو متقاضی پرستش خدا بانو سمیرامیس به عنوان الهه ی اعظم ماه شدند. لیکن از آنجا که در فرهنگ اعراب جنس مذکر برتر و قدرتمند تر به شمار می آید،اعراب جنسیت این خدا را با عنوان یک زن قبول نکرده، نام او را بال گذاشته به او جنسیتی مذکر دادند.از آن با بعد بال در زبان عربی تبدیل با هوبال شده و در نهایت این خدای ماه بزرگترین خدای منطقه گشت. به مرور زمان نام این خدا که هوبال باشد تبدیل به الله شد. مسلمانان ادعا کردند که الله نام یکتا خدای آنهاست،اما این مسئله اشتباه بود.زیرا الله نام یکی از بزرگترین بت ها در کعبه،میان ۳۶۰ با دیگر بود که همان خدای ماه میباشد.سالها پیشتر از با وجود آمدن اسلام در خاورمیانه این بت را میپرستیدند.آنها معتقد بودند خدای ماه "الله" سه فرزند دختر دارد.نام های آنها ال-لات به معنی خدا بانو، ال-اوزاه به معنی قدرتمند و ال-منات به معنای زمان بود.(تصویر ۵۵-۵۶) در میان آنها ال-لات برعکس خدای ماه خدا بانوی خورشید بود و ال-اوزاه خدا بانوی ستارگان و ال-منات خدا بانوی سرنوشت.د عربستان دیدن نشان ماه و ستارگان بو یکدیگر نماد قدرت نهایی خدا بانوی سرنوشت است.

تصویر۵۳. سکه های پارسی نقوش ماه و ستارگان

سکه های بازمانده از دوران ساسانی.(۲۲۶ الی ۶۵۱، پارس). در سکه های متعلق به آن زمان به دور شکل پادشاه اشکال ماه و ستارگان را ترسیم می نمودند.
سکه نقره خسرو.(۵۹۰ الی ۶۲۸) شیراز، ایران، کلکسیون شخصی.

تصویر ۴۵. سه خدای شهرستان تاریخی پالمیرا واقع در سوریه

پالمیرا و یا همان تادمر، شهرستانی است ساخته شده توسط سلیمان. مجسمه میانی باالشمین و یا همان خدای برکت و نعمت است، در سمت راست خدای ماه یا همان اگلیبل قرار دارد و در سمت چپ خدای خورشید و یا همان یارهیبل. تسمه بیانگر مذکر سازی نماد سمیرامیس در قرون وسطا است.

تصویر ۵۵. ال اوزاه

یکی از بتهای بانوی ستاره و یا همان ونوس متعلق به عربستان عتیق است که در اردن کشف شده.
بوت نباتی.

تصویر۶۵. ال منات و ال لات

از سمت چت خدابانوی سرنوشت ال-منات، خدا بانوی خورشید ال لات و ندیمه آنها. این مجسمه در پالمیرا پیدا شده است.

۲ :به وجود آمدن اسلام

کعبه که امروزه یکی از مهم ترین مکان های مقدس دین اسلام است۶۱۰ سال قبل از به وجود آمدن این دین در شهر مکه واقع در عربستان معبد ای برای پرستش بت ها و خدایان متعدد بود. در آن دوران تجارت در همه جای عربستان سعودی رواج نداشت, بنابراین بسیاری از کشورها و مناطق مختلف به مکه سفر می کردند. مکه پر از بت هایی بود که مسافران از مکان های مختلف با خود به همراه می آوردند. در آن زمان کعبه نزدیک به ۳۶۰ بت داشت و مردم ارواح و بت های موجود در کعبه را می پرستیدند. خدای ماه الله و ۳ خدابانوی او بزرگترین و قدرتمندترین بوت میان ۳۶۰ بت موجود بودند. اقوامی که تحت تاثیر آیین بابلیان قرار داشتند، این سه را (خورشید، ماه و ستاره) حکمروای دیگر بت ها می دانستند. در قرن ششم در شهر مکه که سرمایه

بسیاری از طریق کعبه به دست آورده بود در قبیله ای به نام قریش پسری با نام محمد متولد شد(۶۳۲-۵۷۰ قبل از اسلام). پدر و پدر بزرگان محمد، نسل در نسل مشغول به حفاظت از کعبه و جمع آوری پول بودند. کلمه الله بخشی از اسم پدر محمد است که عبدالله باشد به معنای بنده الله. این وضعیت به ما نشان می دهد که قبیله قریش پیش از اسلام ۳۶۰ بت را عبادت و پرستش می کردند که الله خدای اعظم آن بتها بود.
(به نکته ۴ دقت کنید. خدای ماه الله و قبیله محمد)
محمد در سال ۶۱۰ه.ق در سن چهل سالگی با ادعا بر اینکه از فرشته ای به نام جبرئیل وحی گرفته است دین اسلام را پایه گذاری نمود. وحی که از آن فرشته گرفته بود این گونه است:" تو آخرین پیامبر هستی. ۶ پیامبر مهم وجود دارد، آدم- نوح- ابراهیم- موسی- عیسی و محمد. تو برترین آنها هستی" در وحی که بعدها به او داده شده بود این‌گونه گفته شده است:" عیسی پسر خدا نیست، یک پیامبر است. تنها یک خدا وجود دارد و او کسی نیست جز الله." محمد از ادیانی چون یهودیت و مسیحیت که در آن دوران رواج داشتند یکتاپرستی را یاد گرفته بود و آموخته های خود را به خدای ماه(الله) نسبت داده و اجرا می نمود. بزرگترین بت منطقه اش (الله خدای ماه) را و یگانه خدا اعلام نموده و ۳۶۰ بت دیگر را نابود کرد. در مقابل این عمل با واکنش جدی بومیان منطقه مواجه شد. در نتیجه ناچار مکه را ترک نمود. برای مدتی ساکن مدینه شد و سپس به مکه بازگشته، مکه رافتح نمود و دین اسلام را پایه گذاری و تاسیس کرد.
نکته ۴: مفهوم الله و قبیله محمد
کتاب "در دفاع از ایمان" اثر دیوید هانت گویای پرستش الله برای مدت زمانی طولانی تولد محمد است. مکه پیش از این‌که قبیله محمد دین اسلام را ایجاد کنند مکانی بود برای پرستش خدای ماه مهربانی کردن انسانها و حیوانات مختلف برای آن بت ها. اولین نویسنده بیوگرافی محمد یعنی ابن اسحاق، این گونه بیان کرده" یکی از پسران پدر بزرگ محمد به نام عبدالله که همان پدر محمد می باشد، در حال قربانی شدن برای الله بود که جادوگری پدر بزرگ محمد را به قربانی کردن یک شتر به جای پسرش قانع نمود. نام پدر محمد" عبدالله" به معنای بنده ی الله است. این بیانگر واقعیت است مبنی‌بر پرستش الله سالها پیش از تولد محمد. زمانی که محمد چند خداپرستی را رد کرد، نام خدای قبیله اش که همان خدای ماه باشد را به عنوان تنها خدای دینی که پایه گذاری کرده بود یعنی اسلام اعلام کرد.(دیوید هانت" در دفاع از ایمان" یوجین و یا: هارون های پابلیشرز، ۱۹۹۶.ص. ۳۷ الی ۳۸).

تصویر ۷۵. با دستگاه کعبه حدود۰۱۹۱

این معبد در شهر مکه واقع در عربستان سعودی می باشد.(خاک های مقدس اسلام). جمعیتی که در سمت راست کعبه برای لمس سنگ سیاه گرد آمده اند.

تصویر ۸۵. اسلام و اسب افسانه ای هلال(بوراک)

درمان آن معتقدند شبی که محمد با فرشته وحی جبرئیل ملاقات نمود، سوار بر اسب بالدار ای با نام بوراک به سمت قدس پرواز کرده است. در این تصویر اسب حلال و ستارگان کنار یکدیگر قرار گرفته اند.

روزه گرفتن همچون تشهد، نماز خواندن، پرداخت زکات و به جای آوردن حج یکی از پنج شرط مهم اسلام برای مسلمان شدن است. ماه رمضان، ماه نهم تقویم اسلام است که با شروع تکامل هلال ماه آغاز شده و به مدت یک ماه به طول می انجامد. در این مدت مسلمانان از غروب ماه در شفق تا طلوع ماه در آغاز شب روزه میگیرند. به زبان دیگر در طول روز چیزی نخورده و نمی نوشند و تنها زمانی که ماه در آسمان دیده می شود اجازه خوردن و آشامیدن دارند.

۳:پرستش سنگ سیاه

رابطه میان پرستش سنگ و پرستش خدا بانوها بسیار به یکدیگر نزدیک است، زیرا پرستش سنگ نوع اولیه و شروع پرستش خدا با نویان است. پیش از این که خدایان و خدابانو ها شکل انسانی به خود بگیرند، دیده می شود که در بسیاری از مناطق دنیا سنگ هایی در اشکال مختلف همچون زنی حامله و یا آماده به زایمان و... مورد پرستش قرار می گرفتند. به خصوص تکه هایی از شهاب سنگ های سقوط کرده و یا سنگ های جواهر گونه که از رنگهای بسیار خاص شکل گرفته‌اند مورد پرستش قرار می گرفتند. رنگ ها را معمولاً با باور به دور کردن ارواح شر به عنوان سنگ نظر و یا طلسم به همراه خود داشتند. کتاب مقدس، پرستش سنگ ها به عنوان خدایان توسط اهل قرون وسطا را بیان می کند. ارمیا این گونه نوشته است:" که به چوب می گویند تو پدر من هستی سنگ تو مرا زاییده ای، زیرا که پشت به من دادند و نه رو. اما "در زمان مصیبت خود می گویند: برخیز ما را نجات ده. ارمیا۲:۲۷و ۳:۹
در اینجا خدا قوم اسرائیل را به خاطر بت پرستیشان مورد سرزنش قرار داد. از این آیه ها" به سنگ می گویند تو مرا زاییده ای" میفهمیم که سنگ را به عنوان خدا ایشان می دیدند بنی اسرائیل قوم منتخب خدا بود، لیکن با تحت تاثیر قرار گرفتن از همسایگان خاورمیانیشان شروع به پرستش بتها کردند. به خصوص، درایه اشعیا"۵۷:۶ این گونه بیان شده: "در میان سنگ های ملسای وادی نصیب تو است همین ها قسمت تو می باشد. برای آنها نیز هدیه ریختنی "ریختی و هدیه آردی گذراندی. آیا من از آنها تسلی خواهم یافت؟
زیرا در صحرای خاورمیانه که آب کمیاب بود، پیدا کردن سنگ هایی که در آب صیقل یافته و شکلی دایره وار به خود گرفته اند بسیار سخت بود. این گونه سنگ ها با ارزش شمرده می شدند و انسانها برای به دست آوردن پول و ثروت به جست‌وجوی سنگ می‌پرداختند. چنین به نظر می رسد قشری برای امرار معاش خود ایده پرستش بت ها را به ابداع کردند. در بسیاری از مناطق، پرستش سنگ ها با مرور زمان شکل انسان گونه گرفته و تبدیل به پرستش

خدایان مختلف شد. لیکن، به شکل عجیبی این سیل در کشورهای عربی پیش نرفته و آنها همچنان در دنیای امروزی نیز مشغول پرستش یک سنگ خاص هستند. زمانی که تمام مراسم پرستش سنگ‌سیاه را مورد بررسی قرار می دهیم، پرستش سنگها و دین اسلام را به یکدیگر بسیار مرتبط و نزدیک می‌یابیم. در جنوب شرقی کعبه واقع در شهر مکه سنگی با نام(حجرلاسود) به معنای سنگ سیاه روی پلتفرم ای قرار گرفته است. اعراب از زمان های بسیار دور مشغول پرستش این سنگ بودند. از آنجا که معتقدند این سنگ تکه ای از یک شهاب سنگ سقوط کرده از آسمان است، آن را هدیه ای از خدای ماه می دانستند. این طرز فکر مستقیما وارد دین اسلام شد و مسلمانان پرستش سنگ سیاه را یکی از مهمترین اصول ایمان می دانند. برای مسلمانان، روزی ۵ بار به سمت سنگ سیاه در جایی که کعبه قرار دارد نماز خواندن یک جایگزین است. به خصوص حداقل یک بار در طول عمر زیارت مکه، لمس سنگ سیاه و یا دست راست کردن به سمت سنگ، گفتن جملات الله اکبر(الله بزرگترین است) .لا اله الا الله(خدایی نیست جز الله) وظیفه بزرگ به شمار می آید. تصویر ۵۹ اگر به اصل مطلب بنگریم، متوجه میشویم سنگ سیاهی که مسلمانان با غرور می پرستند در واقع خدابانوی ماه سمیرامیس است. مسئولان اسلام در حال حاضر اجازه به تحقیق و بررسی در مورد تاریخ و داستان سنگ سیاه نمی دهند. اما به گفته بعضی از محققان، سنگ سیاه از پانزده سنگ در کنار یکدیگر تشکیل شده است. تصویر ۶۰ . در تفسیر دیگر گفته شده شکل این سنگ نشانه ای تمثیلی از زمان آمادگی برای باروری و یا تولد است. تصویر ۶۱_۶۲.

وقتی به سنگ سیاه در کعبه و یا سنگ های سیاه موجود در مناطق دیگر می نگریم متوجه می شویم که تمام آنها در پلاکی از طلا و یا نقره محافظت می شوند. این مسئله از قرون بسیار دیرینه با واقعیت پرستش این چنین سنگ ها رابطه ای بسیار نزدیک دارد.

.تصویر ۵۹
مسلمانان سعی دارند سنگ سیاه واقع در کعبه

.را لمس کنند
سنگ سیاه جنوب کعبه می باشد.۱.۵ با زمین فاصله دارد و داخل پلاکی از نقره محافظ می شود
کعبه، مکه، عربستان سعودی۲۰۰۹

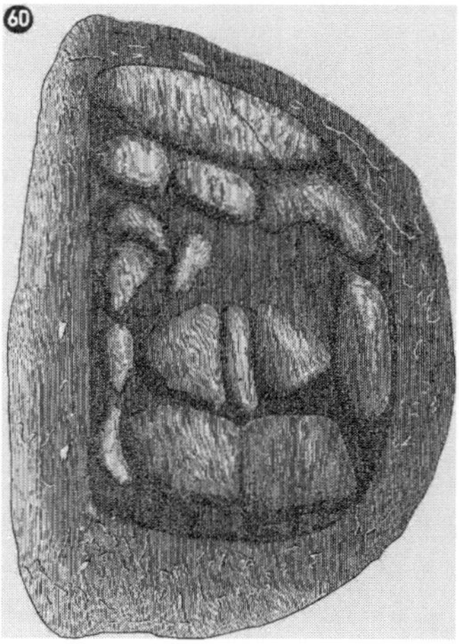

تصویر ۶۰. تصویری از نوع شکل گیری سنگ

های داخل سنگ سیاه کعبه از پهلو
این تصویر نشان دهنده تئوری شکل گیری سنگ
سیاه کعبه از ۱۵ سنگ کوچک است

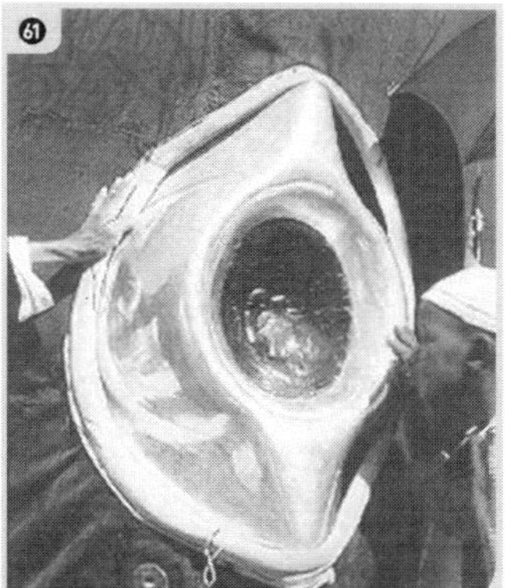

تصویر ۶۱. سنگ سیاه کعبه و پلاک نقره آن

اینپلاک بیانگر سمبول" آمادگی برای تولد و حاملگی" است. سنگ سیاه داخل پلاک از نقره محافظت می شود
کعبه، مکه، عربستان سعودی

.تصویر ۶۲. یکی از پلاک های طلایی معبد کعبه

این پلاک طلایی در شهرستان جده واقع در عربستان سعودی در ساحل دریای اژه یافت شده
جده؛ عربستان سعودی: توپکاپی سارایی، استانبول

۴:ترویج اسلام

اسلام یعنی محمد(۵۷۰ الی ۶۳۲ هجری قمری، سال تاسیس ۶۱۰) اجازه پرستش سنگ سیاه و هلال ماه را به انسانها داد. نیت وی گسترش منطقه حکومتی اش از طریق رواج این برنامه‌های دینی بود، زیرا اقوام و بومیان آن مناطق ازقبل خدای ماه را می پرستیدند. پس از مرگ محمد(۶۳۲ هجری قمری) جانشین و خلیفه پس از او به میان آمد. محمد قبل از مشخص نمودن خلیفه بعدی به طور ناگهانی درگذشت. از این رو ابوبکر که از معتمدین اوبود به عنوان اولین خلیفه انتخاب شد.(۶۳۲ الی ۶۳۴ هجری قمری)لیکن از آنجا که ابوبکر از خون محمد نبود، مخالفت و سخت گیری شدید خانواده وی مواجه شد. به خصوص زمانی که پسر خوانده محمد علی به شدت با این تصمیم مخالفت نمود ابوبکر از خلافت دست کشید. سپس عمر به عنوان خلیفه دوم انتخاب شد. همانا پیروان محمد شروع با مخالفت با انتخاب خلیفه طبق وابستگی خونی کردند. در پی این مخالفت‌ها عثمان که بدون هیچ وابستگی خونی با محمد از قوم بنی امیه بود، به عنوان خلیفه سوم انتخاب شد. علی پسر خوانده محمد با پیروان خود به اعتراض در قبال این انتخاب برخاسته و در نهایت علی خود را خلیفه چهارم معرفی کرد.(۶۶۰ الی ۶۵۶ هجری قمری). بعدها به دست معاویه که مخالف با او بود به قتل رسید. معاویه یکی از اقوام خلیفه سوم(عثمان) و فرماندار سوریه بود. در نتیجه این جنگ ها، سلام به دو دسته تقسیم شد که متشکل از علی و پیروانش که شیعه نام دارند یه و پیروانش که سنی نام گرفتند می‌باشد.

امروزه ایران یکی از کشورهایی است که ۱۵ ٪ الی ۲۰٪ از جمعیت شیعه دین اسلام را تشکیل داده است. اما عربستان سعودی و دیگر کشورهای مسلمان اکثرا سنی هستند. تغییراتی نه چندان زیاد مابین تعلیمات دو فرقه، هردو آیین‌های ماه پرستی سمیرامیس را پرستیده و اجرا می‌کنند.

مسلمانان ادعا دارند، اسلام دینی بدون هیچ یک از که فقط خدای یگانه را پرستش می کند. اما واضح است که پیشروی این دین خدابانوی ما هست و سمبولهایش چون سنگ سیاه کعبه، هلال ماه و... در اعماق این دین ریشه کرده و مهمترین اصول این دین را تشکیل داده است.

علاوه بر این بیمه اسلام رسومات بت پرستی اعراب را به ارث برده. از این رو نماز، حج، گردش به دور کعبه، بوسیدن و لمس سنگ سیاه، سنگسار شیطان، روزه گرفتن در ماه رمضان، تراشیدن سر، نماز جمعه و... را به عنوان سنت به جا می آورند. امروزه بر سر مناره مساجد می توان سمبلهای ماه و ستاره را مشاهده نمود. علاوه بر این در اکثریت کشورهای عرب و مسلمان پرچم کشور نقوش ستاره ماه و خورشید را در بر دارد.

تصویر۶۳. زیارت حج مسلمانان در خاک های مقدسشان

مراسم حج در مسجدالحرام واقع در مکه در کشور عربستان سعودی می شود. در طی مراسم حج مسلمانان هفت بار به دور معبد کعبه می گردند. به این عمل طواف گفته می شود
مکه. عربستان سعودی؛۲۰۰۵

تصویر۶۴. مسجد نور الحصان

بر سر مناره این مسجد واقع در کامبوج سنبلی به شکل هلال ماه دیده می شود
قرن نوزدهم. مسجد نور الحصان. کامبوج

تصویر۶۵. مسجد عبدالغفور

در این مسجد واقع در سنگاپور بر سر گنبد و مناره ها ماه و ستاره دیده می شود
قرن نوزدهم. مسجد عبدالغفور، سنگاپور

تصویر ۶۶. ازبکستان

تصویر ۶۷. آذربایجان

تصویر ۶۸. مالزی

تصویر ۶۹. ترکیه

تصویر ۷۰ پاکستان

تصویر ۷۱ الجزایر

پرچم کشورهای مسلمان، سمبول های دیرینه هلال ماه و ستاره را در بر دارند.

بخش چهارم : گسترش آیین بابلیان در آسیا

طبق گزارش کتاب مقدس، هفتاد قبیله ای که از نسل نوح بودند در سرتا سر دنیا پخش شدند. در فرایند تحقق نبوت پیدایش ۳:۱۵، آیین آنها که همان آیین بابلیان باشد با اندکی تغییر در مناطق آسیایی بومی سازی شده و نامها و اشکال مختلفی به خود گرفت. هندوئیسم یا آیین هندو، که در تمدن دره سند بنیانگذاری شده است، یکی از پرطرفدارترین آنهاست که امروزه پس از مسیحیت و اسلام سومین دین بزرگ جهان تشکیل داده است. این آیین تاثیر بسیار زیادی در منطقه آسیا گذاشت. آیین بودا یا بودیسم برگرفته از همین آیین می باشد.

A. خاستگاه آیین هندو

هندوئیسم یکی از بزرگ ترین ادیان چند خدایی است که از شبه جزیره هندوستان سرچشمه گرفته است. امروزه در این آیین بیش از ۳۰۰ میلیون خدا مورد پرستش قرار می گیرد. آیین هندو نوین در قرن ۱۵ پیش از میلاد توسط قوم آریایی (ایرانیان امروز) بنیانگذاری شد. آریائیان بعد از فتح هندوستان به منظور به بردگی گرفتن ساکنان بومی، نظام اجتماعی "کاست" را در سنت های کهن آنها گنجاندن. و خود به عنوان طبقه حاکم بر آنها حکمرانی کردن.
اصول دین هندو عبارت است از اعتقاد به زایش مکرر یا وازایش (تناسخ) به معنی اینکه هر انسانی بعد از مرگ مجدداً در شکل دیگری متولد می‌شود. به باور هندوها، یک روح واحد کیهانی به نام برهمن وجود دارد. هر موجود زنده یک روح ذاتی (آتمان) و خدایی دارد که با برهمن یکی است. از آن‌جا که موجودات زنده این را درک نمی‌کنند و فریب این تصاویر ناماندگار جهان ظاهری را می‌خورند روح‌های ذاتی افراد در تله بدن‌ها گیر افتاده و نمی‌توانند به برهمن بپیوندد. تنها زمانی که فرد این یگانگی ارواح(وحدانیت وجود) را کاملاً درک کرد، آتمان می‌تواند از چرخه زایش دوباره و قانون کارما بگریزد و به برهمن جاویدان بپیوندد. در آئین هندو، برهمن به ۲ صورت تعریف می‌شود: نیزگونا برهمن اصلی را .(saguna) و سگونا برهمن (Nirguna) نیرگونا برهم

بازگو می‌کند که برهمن را بالاتر از حس بشری و سخن و کلمه میداند و بیان میدارد که روح واحد جهانی غیرقابل توصیف است. اما سگونا برهمن سعی در شناساندن برهمن با صفات قابل لمس دارد. اصل سگونا برهمن، برهمن را به شکل خدایان مختلف قابل پرستش میداند. دین برهمایی دارای سه خدا مرد با نام‌های: برهما، ویشنو و شیوا است. خدایان زن آئین هندو شامل پاروانی، دوی، و لاکشمی می‌باشد.درهندوئیسم، یوگا، پارسایی صوفی‌وار، مراقبه و پرستش ایزدان به عنوان راه‌های گریختن از باززایی دانسته می‌شوند. آئین هندو در قدیم دین برهمایی خوانده می‌شد که به برهما، خدای هندوان اشاره می‌کرد و امروزه پیروان این آئین را هندو می‌نامند که نام درستی نمی‌باشد. شهر مذهبی برهماییان بنارس می‌باشد. مهمترین نوشتار در این دین وداها و اوپانیشادها می‌باشند.

در هندوئیسم آفریننده و آفریده یکی هستند و دو روی یک سکه‌اند. دارما را می‌توان به دین، قانون، تکلیف، عدالت و بسیاری مفاهیم دیگر ترجمه کرد اما درواقع شامل همه این مفاهیم می‌گردد. دارما به عنوان تکلیف، وظیفه منظم فرد است که در هر شرایطی به نحوی عمل کند که عدالت تحقق یابد. یعنی به شکل مقتضی و مناسب عمل کند. هیچ چهرهٔ مقتدری را نمی‌توان در میان هندوان سراغ گرفت که مدعی آن باشد که مبیّن حقیقت مطلق، انحصار قوانین نافذ و الگویی با کاربرد جهانی باشد. هندوئیسم شکل تکامل یافته جانمندباوری (آنیمیسم) است. این آیین گونه‌ای فرهنگ، آداب و سنن اجتماعی است که با پاکسازی نفس و ریاضت همراه شده و در تمدن و حیات فردی و جمعی مردم هندوستان نقش بزرگی داشته‌است. در واقع هندوئیسم بیشتر یک دین فلسفی ایدئولوژیک است تا دینی که در آن بتها پرستش شوند.

نظام کاست دارای طبقه بندی های مختلفی است که اولین طبقه در این نظام ، طبقه برهمن ها ، و آخرین طبقه، نجس ها می باشند. که هر طبقه بندی در نظام کاست خود به چند دسته تقسیم می شود و هر طبقه در نظام کاست دارای وظایف و مسئولیتهایی نسبت به همان طبقه می باشد و افراد در هر طبقه اجازه ی وارد شدن به دیگر طبقات را ندارند و ازدواج کردن و همزیستی با دیگر طبقات، چه از نظر اجتماعی و چه از نظر اقتصادی غیر ممکن است گرچه یکی از آن دسته از نظام هایی است که از میزان شدت و سختی مسئولیت آن کاسته شده اما همچنان به وضعیت خود ادامه می دهد.

کاست کلمه ای است با ریشه ی پرتغالی که وارد زبان انگلیسی شده است.

اما در دایرةالمعارف انسانشناسی آمده که از زبان اسپانیایی و احتمالاً مشتقی از واژه ی کاستاس از زبان لاتین به معنی عفیف و پاکدامن است که در نیمه قرن پانزدهم میلادی به وسیله ی مسافران پرتغالی که وارد ساحل مالابار در هند می شدند، رایج شده است. این واژه ظاهراً به معنی اصالت خونی و نژادی

است. این واژه حتی به معنی دسته ، صف و یا کلاس نیز ترجمه شده اما تمام ترجمه ها نشان می دهد این واژه بیشتر به اصالت خونی و نژادی بر می گردد که کلماتی چون عفیف و پاکدامن ،پاکی،خلوص،دسته،صف،کلاس را می تواند در خود جای دهد. واژه ی کاست در جامعه هند موسوم به «جات» یا «جاتی» است که به معنای طبقه ، دسته ، تبار، نسل و اصل و نسب و گروه گفته است. و در فارسی نیز به معنای طبقه اجتماعی است. ه عنوان یک واقعیت با ورود آریایی ها، جامعه هند به دو گروه متمایز تقسیم می شدند :آریایی و غیر آریایی. قلمرو آریایی ها، شامل سه طبقه وارنای بود که عبارت بودند از: برهمن،راجانیا و وایسیه؛ در حالی که غیر آریایی ها در آن جامعه به عنوان داساها که بعدها به عنوان سودراها نامیده شدند،شهرت یافتند.آریا ورنا یا «مردم آریایی» و مردم بومی یا «داساورنا» نه تنتها در رنگ پوست قهوه ای و سیاه بودند ،بلکه از نظر قد نیز خیلی کوتاه تر از آریایی ها بودند. در باورها ،زبان ،اعتقادات، مذهب، آداب و رسوم، سنت و بسیاری از چیزهای دیگر نیز با یکدیگر تفاوت داشتند.

سودارها یا همان داساورناها ،بومیانی بودند که با شهروندان آریایی سازش کرده و یا آنکه اسیر شده و به عنوان پست ترین طبقه نظام طبقاتی کاست در درون طبقه آریایی ها ،تحلیل رفتند.با ایجادچنین طبقه هایی در نظام کاست ،آریایی ها آنها را به رسمیت شناختند و در جامعه خود به عنوان شهروند جدید انتخاب و جای دادند. در این مورد می توان نتیجه گرفت که انتخاب داساها در نظام طبقاتی کاست به عنوان طبقه سودراها ،اصولاً برای رهایی از هرگونه آشوب و درگیری میان آریایی ها و مردمان بومی بوده و چاره ای جز رسمیت شناختن چنین افرادی در جامعه آریایی نبوده است؛ بنابرین این افراد به عنوان پست ترین طبقه در درون طبقه آریایی ها تحلیل رفتند. در کنار چهار وارنای اصلی ،ما به پنجمین وارنای طبقه کاست نیز بر می خوریم که کمتر نام آن در نظام طبقات کاست هندوها آورده شده است: "دالیت ها" یا طبقه نجس ها که متشکل از افراد قبایل مختلف با فرهنگ بسیار ابتدایی و سبک زندگی بسیار کثف بود که به چشم انسانهای پست مشاهده می شدند و آرياييها به اجبار برای حفظ نژاد و خون خود ، آنها را در این طبقه قرار دادند تا مردم آریایی با آنها تماس پیدا نکنند و تداخل خونی و نژادی بوجود نیاید شکی نیست زندگی این مردمان اولیه به حدی برای جامعه آریایی نفرت آور بود که از نگاه آنها و طبق معیارهایشان منجر به تبعیض اجتماعی شدید میان آریایی ها و آنان شد بود؛ به طوری که دیوار بلند فرهنگی میان این جوامع کشیده شد که همچنان این دیوار فرهنگی پا برجاست. به هر حال این تبعیض اجتماعی بود که توانست اساس و بنیاد غیر قابل لمس بودن را در میان آنان ایجاد کند.

مولفین قدیم هندو فرق مابین این چهار طبقات را بدینگونه نهاده اند که

چون برهما خالق کل موجودات عالم را بیافرید، برهمنان را از دهان او و کشتریان را از بازوان او و ویسایا را از رانهای او و سودراها را از پای او بوجود آورد.این نکته قابل توجه است که تقسیم بندی جامعه بشری به چهار طبقه ممتاز ظاهرأ از ابتکارات آریایی های قدیم است.چون در روایات ایرانی همجنان تقسیم چهار طبقه را به جمشید پیشدادی نسبت می دهند و به هر حال قوت و نیروی اجتماعی این طبقه بندی در جامعه هندوستان به قدری بوده است که امواج طوایف مهاجم که بعدها به آن مملکت روی آورده اند همه خواه ناخواه این قاعده طبقاتی را گردن نهاده و بدان تسلیم شده اند

چهار طبقه اصلی در نظام کاست:

۱- برهمنان: روحانیان و متفکرانی که راهنمای دین و سیاست بودند.

۲- کشتریها: طبقه حکمرانان و جنگاوران را تشکیل می دادند.

۳- وایسیاها: کشاورزان و پیشه وران و بازرگانان بودند.

۴- شودراها: کارگران عادی و غیر ماهر ومزدوران و کسانی که به کشاورزی نمی پرداختند.

حدوداً در قرن ۵ پیش از میلاد، آیین بودایی (بودیسم) در مخالفت با نظام کاست و حاکمیت برهمنان در هند پایه ریزی شد پایه ریزی شد. پیرامون سه هزار سال پیش، شاخه‌هایی از آریاییان ، به سرزمین هند کوچیدند. پیش از ورود آن‌ها به شبه جزیرهٔ هند، قوم دیگری در آنجا نشیمن داشت که به نام دراویدی معروف است. آریایی‌ها پیرامون ۲۵۰۰ سال پیش یعنی به هنگام زایش بودا در بیشتر سامان‌های شمالی هند جایگزین شده و بر آن نواحی چیره گشته بودند. جامعه هندوستان در زمان بودا به چهار رده یا (کاست) بخش می‌شد: برهمنها (روحانیان)، کشتریاها (شهریاران و جنگاوران)، وایسیاها (کشاورزان و بازرگانان) و شودراها (خدمتکاران برده). بودا خود به رده کشتریا تعلق داشت ولی اعلام داشت که از دید او همه مردم برابر و پاکزادند

چکیده آموزه بودا این است:

"ما پس از مرگ در پیکری دیگر باز زاییده می‌شویم. این باززایی ما بارها و بارها تکرار می‌شود. این را چرخه هستی یا زاد و مرگ می‌نامیم. هستی رنج است. زایش رنج است. پیری رنج است. بیماری رنج است. غم و اندوه، ماتم و ناامیدی رنج است. پیوند با آنچه نادلخواه است، رنج است. دوری از آنچه دلخواه است، رنج است. و خلاصه این‌که دل بستن رنج‌آور است."

از دیدگاه بودا ما اگر خواسته باشیم که از چرخهٔ زاد و مرگ رهایی یابیم (در صورتی که به آن چرخه باور داشته باشیم) باید گرایش‌های نفسانی را کنار بگذاریم، درستکار باشیم، به یوگا پرداخته به حالات خلسه روحیدست پیدا کنیم که این تجربیات باعث مهرورزی ما به همهٔ موجودات و بوندگان می‌شود و

سپس از راه این درک‌ها و تمرکزهای ژرف به روشنی و بیداری می‌رسیم و از این دور باطل خارج می‌شویم.
این آموزه‌ها، آیین بودا (دارما) را تشکیل می‌دهند. بودا خود، آیین خود را مانند قایقی می‌نامد که برای چرخه‌شکنی و رسیدن به ساحل رستگاری به آن نیاز است. ولی پس از رسیدن به رستگاری دیگر به این قایق نیز نیازی نخواهد بود. رسیدن به ساحل رستگاری آدمی را به آرامش و توازن مطلق می‌رساند. آن‌جاست که شمع تمامی خواهش‌ها و دلبستگی‌ها خاموش می‌شود. به این روی، این پدیده را در سانسکریت نیروانا یعنی خاموشی می‌نامند.
امروزه ۶,۴۰۰ طبقه در نظام کاست هندوئیسم وجود دارد. در این میان، پیام انجیل به حدود ۱۰۰ طبقه از آنه موعظه شده است که بسیاری از آنها از طبقه دالیت ها (خارج از سیستم) هستند.

٪ از کل جمعیت	Composition	Class	
% 5	روحانیان و متفکرانی که راهنمای دین و سیاست بودند.	برهمنان	1
% 10	طبقه حکمرانان و جنگاوران را تشکیل می دادند.	کشتریها	2
% 48	کشاورزان و پیشه وران و بازرگانان بودند	وایسیاها	3
% 15	کارگران عادی و غیر ماهر ومزدوران و کسانی که به کشاورزی می پرداختند.	شودراها	4
% 22	خارج از کاست، نجس	دالیت	5

نمودار ۶. نظام کاست در آیین هندو

B. پرستش الهه و مار در آیین هندو

برهما، ویشنو و شیوا - سه خدای بزرگ در آیین هندو می باشد. براهما (خالق)، ویشنو (نجات دهنده)، و شیوا به (نابود کننده)، همه این خدایان مذکر هستند، و هزاران خدای دیگر زیر دست این سه خدا قرار دارند.
تقریباً در همه تصاویری که از خدایان هندو ترسیم شده است تصویری از مار وجود دارد. به عنوان مثال، در عکس ۷۳ ویشنو، خدای نجات دهنده را مشاهده می کنید که بر روی مار با هفت سر دراز کشیده است. به علاوه، در عکس ۷۴ هلال ماهی را بر سر او مشاهده می کنید. مطابق کتاب مقدس، این مار یا ما اژدها همان شیطان یا اهریمن است (مکاشفه ۲۰:۲). وجود تصاویر مار در آیین هندو، به صراحت بیانگر این است که این آیین، آیینی شیطانی است.
پرستش الهه در آین هندو بسیار مرسوم است. در این میان "ماهِدِوی" همسر شیوا به طور خاص مورد پرستش قرار می گیرد. این الهه به اقتضای شرایط و کارکردها، در نام های مختلفی پرستش می شود. نامهایی از قبیل دوی، ساتی، پاروانی، اِمبا، اِمبیکا (عکس۷۵)، دورگا، کالی و غیره...
همچنین لاکشمی همسر ویشنو نقش بسیار مهمی در بین الهه ها داراست (عکس ۷۶). لاکشمی همچنین "شیری" نیز خوانده می شود، الهه ای که در هندوستان خیلی معروف است. بساری نام این الهه را برای فرزندان دختران خود انتخاب می کنند. این الهه نامهای زیادی دارد از قبیل مادر همه مخلوقات مادر حکمت، رستگاری، فیض، بخت و اقبال و غیره.... . لاکشمی ایزد بانویی به شمار می رود که به مخلوقات در شکل به دنیا آمدنشان و وضعیت زندگیشان طبق کارمایشان کمک میکند.
به معنی (कर्म : در هندوئیسم و بودیسم مفهوم کارما (به سانسکریت زیستکار یا عملکرد فرد در زندگی است و این عملکردها ذاتاً و به طور خودکار نتایجی به دنبال دارند. بدین معنی که «هر چه بکاری همان بدرَوی». در باور هندوان و بوداییان، بر اثر کردارهای فرد (کارما) نیرویی ایجاد می‌شود که چگونگی زندگی آن فرد را در این زندگی و زندگی‌های بعدی‌اش مشخص می‌کند. اصل کارما می‌گوید که نتیجه هرآنچه انجام می‌دهیم به خودمان بازمی‌گردد. پیامد عملکرد فرد کارمیوه نامیده می‌شود.
بر اساس این اصل، این خدا نیست که به نسبت اعمال بشر پاداش می‌دهد یا تنبیه می‌کند بلکه کردارها ذاتاً پیامدهای خوب یا بد را همراه خود دارند. در ادیانی که به تولد ادواری باور دارند، مانند هندوئیسم، بودیسم، و جینیسم، نتایج کارما به زندگی‌های بعدی نیز کشیده می‌شود و در دوره‌های بعدی زندگی نیز به ظهور می‌رسد. بر این اساس، هر فرد، از طریق اعمالی که انجام

می‌دهد باعث و بانی رنج وشادی‌ها در زندگی(های) خود است. و ایزدبانو لاکشمی آنها را در داشتن کارمای بهتری یاری می دهد. او کمک می کند تا آنها را از سمساره (چرخه زندگی، تولد ادواری، مرگ و تولد دوباره) فرار کنند، و بعد آنها را به بهشت می برد.

کس. ۷۲. براهما، ایزد آفرینش
براهما، خدای آفرینش که جنسیت مذکر به او داده شده با چهار سر سوار بر قویی که نوع خاصی از ظاهر او می باشد

E. A. Rodrigues. The complete Hindoo Pantheon, comprising the principal deities worshipped by the natives of British India throughout Hindoostan, Chap. ۱, No. ۱۸۴۲ ,۳

عکس. ۷۳. ویشنو، خدای نجات و همسرش لاکشمی
ویشنو بر روی ماری به نام "آنتا- شه شا" یا "مار ابدی"که هفت سر دارد دراز کشیده است و همسر او لاکشمی، در حال ماساژ پای او است. و لوتوسی (نیلوفر آبی) با چها صورت از وسط ناف براهام بیرون می آید

The ۱۸th century A.D.; Collection of the Kalabhavan Banares Hindu University.

عکس. ۷۴. شیوا،
خدای حمله و تخریب
هلال ماه است بر روی
سر خود قرار داده است،
و کبرایی در سر، گردن
و بازوها او حلقه شده
است

Shiva temple, Bangalore, India. Licensor: Indianhilbilly (CC BY-SA ۳/۰).

Pic. ۷۵. Ambika, Shiva's wife
One of Shiva's wives, Ambika

(meaning "little mother") appears in the image of a woman holding children. Padarli, Rajasthan, India. Licensor: Shanammumbai (CC BY-SA ۳/۰).

عکس. ۷۶. لاکشمی، همسر ویشنو
ایزد بانو لاکشمی ، که خوش
شانسی به ارمغان می آورد. در این
نقاشی، پول از کف دستهای او می
ریزد.

Wall painting, Buleshwar, India. Licensor: Meena Kadri – Meanest Indian (CC BY ۲/۰).

دلیل پرستش الهه ها به طور خیلی جدی در هندوئیسم این است که این آیین تحت تاثیر شدید الهه سمیرامیس ایزد بانوی بابلیان قرار گرفته است. در تصویر ۷۷ به طور خاص مشاهده می کنید که ایزدبانو "هاریتی (Hariti)" بچه ای در آغوش دارد. همچنین در عکس ۷۸ ایزد بانو "دیواکی (Devaki)." علاوه بر این، مواردی که در آن الهه و تصویر مار با هم ترکیب می شوند وجود دارد. الهه مار ماناسا (عکس ۷۹) است که توسط یک مار کبری هفت سر محافظت می شود. توضیح کتاب مقدسی در ارتباط با چگونگی توسعه یافتن آیین بابلیان در هنوئیسم را در آیه نبوتی پیدایش ۳: ۱۵می توان یافت که تحقق مشیت الهی است.

عکس. ۷۷. مجسمه هِرِتی (Hariti) و پسرش
بزرگترین تندیس هندوئیسم، تحت تاثیر شدید سمیرامیس

The ۲nd–۳rd centuries A.D., Gandhara, India; British Museum, London, UK. Licensor: PHGCOM (CC BY-SA ۳/۰)

عکس. ۷۸. ایزد بانو دِوَکی و نوزادش کریشنا
ایزدبانو دِوَکی کسی که گفته می شود هنگام تولد کریشنا در او هفت حلول (روح کسی در بدن دیگری) از ویشنو را قرار داده است

The ۱۲th century A.D.; The Philippe de Montebello Years, The Metropolitan Museum of Art, New York, U.S.A.. Licensor: Julia Manzerova (CC BY-ND ۲/۰)

کس. ۷۹. ماناسا، الهه مار
این الهه ماری را در دست گرفته است. و
در پشت سر او یک مار کبری هفت سر
وجود دارد

The ۲۰th century A.D., Bengali art, India

ساراسواتی	خدایی با چهار صورت که بر لوتوس ایستاده است	همام خدای) آفریننده (جهان
	روی مار ابدی دراز کشیده است	شنو خدای) نگهدارنده (جهان
لاکشمی / شری (الهه خوش شانسی و ((فراوانی هنگامی که ویشنو در تجسم کرد همسر او همچنین در نام "پادما" (لوتوس) تجسم پیدا کرد	۱. ماتسیا: ماهی / به شکل ماهی درمی‌آید تا مانو را از توفان و سیل نجات دهد، زیرا نوعشر به علت شرارت به مرگ محکوم شده است. این ماهی، کشتی مانو را به ساحلی امن می‌رساند. ۲. کورما: لاک‌پشت / خود را به شکل لاک‌پشتی در قعر دریای شیر درآورد و کوهی را بر پشت گرفت. خدایان و شیاطین آن‌قدر بر فراز این کوه چرخیدند که چهارده موجود ارزشمند از درون دریای شیر سر برآوردند: معجون جاودانگی، درخت آرزوها، ماه، گاوِ فراوانی، ایزدبانوی زیبایی، سرنوشت خیر، باده و . . . بشر به علت شرارت به مرگ محکوم شده است. این ماهی، کشتی مانو را به ساحلی امن می‌رساند. ۲. کورما: لاک‌پشت / خود را به شکل لاک‌پشتی در قعر دریای شیر درآورد و کوهی را بر پشت گرفت. خدایان و شیاطین آن‌قدر بر فراز این کوه چرخیدند که چهارده موجود ارزشمند از درون دریای شیر سر برآوردند: معجون جاودانگی، درخت آرزوها، ماه، گاوِ فراوانی، ایزدبانوی زیبایی، سرنوشت خیر، باده و . . .	۱۰ شکل کالبد یافته ((اوتارها ویشنو

	۳. واراها: گراز / ویشنو به شکل گراز درآمد تا جهان را از دست شیطان نیرومندی که دنیا را به قعر اقیانوس برده بود، نجات دهد. پس از هزار سال نبرد، ویشنو پیروز شد و با جهانِ بازیافته، به روی آب آمد. ۴. نارا سینها: شیر- انسان / به شکل شیر- انسان درآمد تا جهان را از دست شیطانی نجات دهد که به فریب از برهما قول گرفته بود که نباید به دست انسان یا حیوانی کشته شود. ۵. وامانا: کوتوله / ویشنو به شکل کوتوله‌ای درآمد تا سه دنیا را از چنگ بالی- پادشاه اهریمنی - نجات دهد. بالی به تمسخر به او گفت که به اندازه‌ای که بتواند با سه گام خود بپیماید، دنیا را به او خواهد داد. ویشنو با گام‌های خود توانست بهشت و زمین را از او باز پس بگیرد و فقط جهان زیرین در اختیار بالی باقی ماند ۶. پاراسو ـ راما: ویشنو به شکل «رامای تبردار» درآمد تا کشتریه یا طبقه‌ی جنگجو را از سلطه‌ی برهمن‌ها نجات دهد ۷. راما: قهرمان حماسه‌ی رامایانه (ماجراهای راما). پسر شاه داسارثا بود که در اثر نیایش‌های پدرش و انجام مراسم قربانی اسب، به دنیا آمد. راما نیمی از الوهیت ویشنو را در خود داشت. پهلوانی بی‌بدل بود و در جوانی، شاهدخت زیبایی به نام سیتا را به همسری اختیار کرد. اما پس از مدتی، به دنبال یک توطئه، راما از قصر پدرش تبعید شد و همراه سیتا و برادرش لکشمانا به جنگلی پناه برد و ده سال در تبعید زندگی کرد. در همین دوران، راوانا، پادشاه اهریمنی سیلان، سیتا را ربود. جنگ عظیمی در گرفت، اما سرانجام راما به سیلون رفت، راوانا را کشت و سیتا را نجات داد. ۸. کریشنا: به معنی «سیاه» / مشهورترین حلول ویشنو، و از شخصیت‌های برجسته و	

	۷. راما: قهرمان حماسه‌ی رامایانه (ماجراهای راما). پسر شاه داسارثا بود که در اثر نیایش‌های پدرش و انجام مراسم قربانی اسب، به دنیا آمد. راما نیمی از الوهیت ویشنو را در خود داشت. پهلوانی بی‌بدل بود و در جوانی، شاهدخت زیبایی به نام سیتا را به همسری اختیار کرد. اما پس از مدتی، به دنبال یک توطئه، راما از قصر پدرش تبعید شد و همراه سیتا و برادرش لکشمانا به جنگلی پناه برد و ده سال در تبعید زندگی کرد. در همین دوران، راوانا، پادشاه اهریمنی سیلان، سیتا را ربود. جنگ عظیمی در گرفت، اما سرانجام راما به سیلون رفت، راوانا را کشت و سیتا را نجات داد. ۸. کریشنا: به معنی «سیاه» / مشهورترین حلول ویشنو، و از شخصیت‌های برجسته و مهم حماسه‌ی «مهابهاراتا». ۹. سیذارتا بودا: به شکل بودا، بنیان‌گذار آیین بودا حلول و بدین طریق، بودایی‌گری جایگاهی در آیین هندو می‌یابد.	
ماهدِوی (الهه اعظم)، دوی، ساتی (رسم)، پاراواتی، اِمبا، اِمبکا، دورگا، کالی (کالیکا)	ک مار به دور بدن شیوا پیچیده شده و همچنین هلال ماهی بر سر دارد..	یوا خدای مرگ (و نابودی)

نمودار ۷. خدایان سه گانه در هندوئیسم

عکس. ۰۸. ۰۱ حلول از ویشنو
مراجعه شود به نمودار 7.

Dashavatara, the 19th century A.D.,
Andhra Pradesh, India.

C. گسترش هندوئیسم

به باور هندوها خدا ویشنو در ۱۰ شکل مختلف در در جامعه انسانها خود را متجلی کرده است. هر یک از این چهره ها و تجلیات را «اوتاره» می گویند. اولین تجلی او در شکل انسانی بود که نصف بدنش به شکل ماهی بود، و بعداً در شکل انسانی خود ار ظاهر کرد که چهره شیر به خود داشت. و بعداً به تدریج کاملاً در شکل ظاهر گشت. در هندوئیسم برای هر اوتاره از او بتی ساخته شد و این بت ها مورد پرستش قرار گرفتن. و اسنهای آنها راما، کیریشنا، و بودا و غیره نام گرفت.

هندوها بر این باورند که هفتمین تجلی ویشنو "راما" در ارتباط با دالایی لاما، رهبر دینی بوداییان تبت است. به عبارت دیگر آنها براین باورند که راما در بدن دالایی لاما حلول (تجسد، تناسخ، بازتن یابی) پیدا کرده است و. این یکی از اوتاره ویشنو می باشد.

هشتمین تجلی ویشنو "کریشنا" می باشد. خدایی که در آیین هند مورد پرستش همگان قرار دارد. او خدایی است که مردم را با نوای فلوت محسور می کند. به این دلیل در تصاویری که از او کشیده می شود او را در حال نواختن فلوت و رقص که عده زیادی زن در حال رقص او را احاطه کرده اند ترسیم میکنند.

عکس. ۸۱. دالایی لامای چهاردهم، نام مذهبی: تنزین گیاتسو، مخفف شده از جتسون جامفل نگاوانگ لوبسانگ یشه تنزین جیاتسو، متولد لهامو داندروب
رهبردولت و تقریباً تمام منطقه خودمختار تبت ، همچنین او را بودای زنده هم می نامند.

Licensor: Luca Galuzzi (CC BY-SA ۲/۵)

عکس. ۸۲. صومعه تشل هن پو (Tashilhunpo monastery)
.یکی از بزرگترین معابد بودایی در تبت

Shigatse, Tibet. Licensor: Einar Fredriksen (CC BY-SA ۲/۰)

کریشنا تحت تاثیر هنرهای مختلفی مانند ادبیات، نقاشی، موسیقی، و غیره قرارگرفته است. کریشنا اغلب به عنوان خدای این عصر جدید مورد پرستش و اکرام قرار می گیرد. مخصوصاً در موزیک تعمقی یوگا، اسم او به عنوان افسون خوانی مورد استفاده قرار می گیرد. همانطور که در تصاویر زیر می بینید، کریشنا بر ماری ایستاده و در حال نواختن فلوت است و مارهایی با صورت زن در اطراف او در حال رقصیدن می باشند، (عکسهای ۸۴،۸۵) در این تصاویر به وضوح هویت واقعی آنها که همان شیطان می باشد به نمایش گذاشته شده است. مدرسه مدرن ویشنو هندوئیسم توسط A.C. Bhaktivedanta Swami Prabhupada (عکس ۱۸۹۶ - ۱۹۷۷میلادی.، عکس ۸۳) توسعه پیدا کرد. او که از نژاد هندی بود در نیویورک متولد شد. او دینی به نام "هیر کریشنا" را پایه گذاری کرد، دینی که به سرعت در ایالت متحده و کانادا و دنیای غرب گسترش پیدا کرد. مریدان این آیین با سرود پرستشی هرا کیشنا که به معنی "ستایش کیشنا" میباشد این آیین را ترویج دادند (عکس ۸۹).

نهمین تجلی ویشنو در قالب انسان بودا است. واژه بودا یعنی بیدار شده یا به عبارت دیگر، کسی که به روشنی رسیده‌است. بودا موسس آیین و تفکر فلسفی بودایی است. اسم اصلی او "سیذارتا گوتاما" میباشد. بنا بر داستان‌های بودایی، سیدارتا (واژه سیدارتا بمعنی کمالجو است) شاهزاده‌ای بود بنام سیدارتا گوتما از تیره شاکیا در منطقه کاپیلاواستو در نپال امروزی می‌زیست. او درباغ‌های لومبینی در نپال کنونی به دنیا آمد. پس از زایش توجه پیشگویان به او جلب شد و پیشگویی ایشان بدینگونه بود که سیدارتا در آینده یا پادشاهی جهانگیر خواهد شد یا روحانی‌ای بیداردل که جهانیان را از خواب نادانی خواهد رهاند. پدر سیدارتا یعنی سودودانا شاه برای اینکه پسرش در راه اول قرار گیرد وی را در ناز و نعمت پروراند و در کاخ‌هایی محفوظ قرار داد تا سیدارتا با رنج‌ها و کاستی‌های زندگی آشنایی نیابد. با این حال سیدارتای کمال‌جو از کاخ‌ها گریخت و در طی چهار بار گریز خویش با چهار منظره آشنا گشت: پیری، بیماری، مرگ و شخصی پارسا که در پی رهایی از رنجها بود. دیدن چهارمین منظره بر سیدارتا تأثیری ژرف نهاد و بر آن شد تا زندگی شاهزادگی را نهاده به جستجوی حقیقت شرایط آدمیان بپردازد. پس از گذراندن مدتی با مرتاضان در جنگل‌ها، آن راه را راه راستین حقیقت یابی ندانست و راهی میانه در پیش گرفت. سیدارتا پس از شش سال آزمودن و پویش در مکانی بنام بودگایا زیر درختی بنام درخت بیداری (بودی) به درون پویی (مراقبه و مکاشفه) نشست و پس از چیرگی بر ترفندهای مارا، دیو دیوان، به دریافت رموز و بیداری کامل رسید و در سن ۳۰ سالگی بودا گشت. واژه بودا یعنی بیدار شده یا به عبارتی به روشنی رسیده‌است.

در مجسمه های بودا هفت مار بالای سر او دیده می شود، که این نشانگر (نفوذ آیین هندوئیسم در آیین بودیسم می باشد (عکس ۸۷.

در اوایل سدهٔ دوازدهم، مجموعه ای از معابد در شهر انگکور کامبوج ساخته شد تا پرستشگاه حکومتی و پایتخت شاه سوریاوارمان دوم گردد. این مجموعه " انگکور وات" نامیده شد. این معبد که در ابتدا معبدی هندو بود و به مار خدا ویشنو (۸۹،۹۰)، خدای هندیان تقدیم شده بود پس از ورود آیین بودا به معبدی بودایی بدل شد. و این نشانگر یکسان بودن راه و هدف این دو آیین است. راه که شیطان و ابلیس در آن مورد پرستش قرار می گیرد. و اینگونه، نبوت پیدایش ۳:۱۵ از طریق آیین هندوئیسم، نسخه هندی آیین بابلیان تحقق پیدا کرد.

Pic. ۸۳. A.C. Bhaktivedanta

بنیانگذار آیین هارا کیشنا (Hare Krishna)
A.C. Bhaktivedanta Swami Prabhupada.

عکس. ۸۴. کریشنا و گوپس
(چوپان زن)
گوپس در حال رقص با نوای فلوت کریشنا

Indischer Maler. Bhagavata Purana manuscript, ۱۶۴۰ A.D.; The Yorck Project: ۱۰/۰۰۰ Meisterwerke der Malerei. DVD-ROM, DIRECTMEDIA Publishing GmbH, ۲۰۰۲.

عکس. ۸۵. کریشنا و گوپس
این تندس ها نماینگرهویت واقعی آنهاست، هویتی شیطانی

۱۸۸۰ A.D.; Chore Bagan Art Studio; Christopher Pinney. Photos of the Gods, Reaktion Books, ۲۰۰۴. p. ۲۸.

کس. ۸۶. پیروان هیر کریشنا
عکس گرفته شده در مسکو، روسیه. و همچنین در اروپا و شمال امریکا پیروان این آیین اغلب خیابان مشغول آواز ستایش و رقص هستند

۲۰۰۹, Moscow, Russia. Licensor: Centralasian (CC BY ۲/۰).

عکس. ۸۷. بودا و مار هفت سر کبری
نقاشی دیوار در یک معبد در لائوس

Laos. Licensor: Sacca (CC BY-SA ۳/۰).

عکس. ۸۸. بودا
بزرگترین مجسمه بودا (۱۲۰متر) در ایباراکی، ژاپن

Ushiku Daibutsu, Ibaraki, Japan. Licensor: aerogoat (CC BY ۲/۰).

(عکس. ۸۹. ناگا، مار خدا (آنگکور وات
مار هفت سر کبری در هر دو آیین، هندو و بودا

Angkor Wat, Angkor, Cambodia. Licensor: Robert Young (CC BY ۲/۰).

عکس. ۹۰. آنگکور وات در کامبوج

The ۱۲th century A.D., Angkor, Cambodia. Licensor: Bjørn Christian Tørrissen (CC BY-SA ۳/۰).

D. خاستگاه بودیسم

و حال به بررسی چگونگی تحقق نبوت پیدایش ۳:۱۵ از طریق بودیسم می پردازیم. بودیسم در قرن ۶ میلادی توسط سیدارتا گوتاما در منطقه شمال میانی هند، نزدیکی بزرگترین رود شبه قاره هند " رود گنگ" بنیانگذاری شد. یین بودا در قرن سوم پیش از میلاد، بر اثر فعالیتهای تبلیغی آشوکا، امپراتور هند که در حدود ۲۶۸ قبل از میلاد به تخت نشست، در سرحدات جهان هندو ایرانی گسترش یافت.
در واقع او سبب شد تا این آیین در حد یک فرقه کوچک هندی باقی نماند. یکی از اقدامات او ساختن ۸۴،۰۰۰ استوپا (عبادتگاههای بودایی به شکل گنبدهای نیم دایره بر روی سکویی مدور) بود. برخی از این استوپاها در تیکسلا (نزدیک پیشاور کنونی)، قندهار و نگرهار (جلال آباد) وجود دارند. همچنین کتیبه‌های اخلاقی آیین بودا، معروف به «فرمانهای روی سنگ» و «فرمانهای روی ستون»، از او به یادگار مانده است.
مدافعان آیین بودا، ادعا داشتند که از طریق این فلسفه، می توان به روشن

بینی و اشراق رسید. آنان مدعی بودند که اراده و خواست بودا و راهبان بودائی، رسیدگی و مراقبت از مردم و رساندن عموم مردم به این سطح از روشن بینی و اشراق است. این جنبش قصد در مورد پسند قرار دادن این تفکر در سطح عامه داشت، تفکری که ساخته و توسعه داده شده توسط ماهایانا بویسم بود.
ر بوداگرایی هم دو شاخهٔ اصلی وجود دارد. نام آنها هینهَ یانَه و مهایانَه است. یانه در سانسکریت یعنی راه. هینه یعنی کوچک و محدود و کهتر. مها یعنی بزرگ و مهتر. در فارسی می‌شود آنها را کهراه و مهراه ترجمه کرد. فرق بنیادین هینه یانه (کهراه) با مهایانه (مهراه) اینست که آرمان هینه یانی‌ها تک-بیداری (اَرهت شدن) است ولی مهایانی‌ها به بیدارگر شدن باور دارند.
در کیش بودا آرمان فرجامین افراد، بودا شدن است. واژه بودا در سانسکریت یعنی بیدار. منظور از بیدار شدن، پی بردن به رازهای هستی و پیوند یافتن با جهان راستین (حق) در پس پرده این جهان ظاهری است. بوداییان جهان پیرامون ما را مانند پرده‌ای رنگ و وارنگ می‌دانند که میان ما و جهان راستین کشیده شده است. در باور ایشان جهان راستینِ پشت پرده دارای هیچکدام از ویژگیهای این جهان ظاهری دور و بر ما نیست. اگر هم از آنها بپرسید که آنها این را از کجا می‌دانند می‌گویند چونکه بودا به آن جهان راه یافته و برگشته و از آنجا برای ما خبر آورده است. این در اصل همان حرف مولانا جلال الدین بلخی و دیگر شناسایان است که بر عاری بودن جهان راستین (حق) از صفات اینجهانی تأکید دارند و ادعا دارند که چیزهایی از آن جهان را تجربه کرده‌اند و زبانشان از توصیف آن برای ما قاصر است چونکه برای چیزی که ویژگیهای این جهان را ندارد در زبان و اندیشه ما واژه و پنداره‌ای برای آن وجود ندارد.
هینه یانی‌ها (باورمندان به راه محدود) معتقدند که هرکس باید بکوشد برای خودش این پرده را پاره کند و از روزنه‌ای به دریای حق فرارَود. آنها معتقد به تکروی هستند. در بوداگرایی این بیدارشوندگان تکرو را اَرهت یعنی آدمهای باارزش مینامند. اما مهایانی‌ها (مهراهی ها) بر این باورند که کسانی که دریای بیکران حق و راستی را دریافتند باید دم درگاه حق بمانند و بکوشند تا بقیه موجودات را هم به سوی حق و حقیقت بکشانند. در ادبیات بودایی می‌گویند. (Bodhisattva به اینگونه افراد بیدارگر (بوداسَف یا بودی سَتوا بیدارگران اینکار را از روی مهرورزی به همه موجودات می‌کنند. یعنی آنها همه ماها را به چشم نمودهایی از جهان حق می‌بینند و به همه ما مهر می ورزند و می کوشند تا ما را نیز مانند خود بسوی رستگاری و حق یابی بکشند.

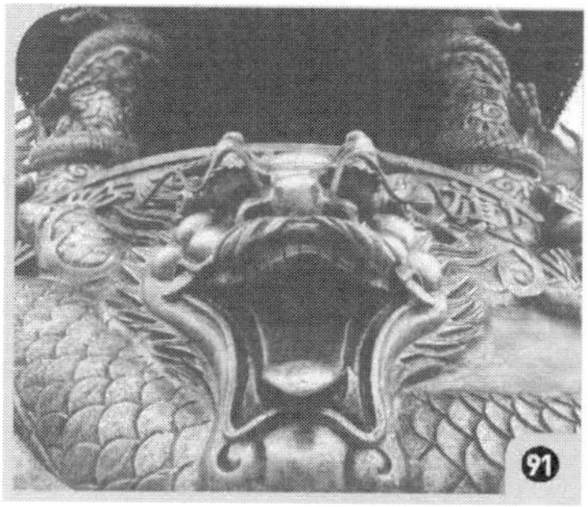

عکس ۹۱. Gisanmanbulsa (建仁寺)، چین

Fuzhou, Fujian, China. Licensor: Christopher, Tania and Isabelle Luna (CC BY ۲/۰).

عکس ۹۲. Kenninji (建 仁 寺)
نقاشی از دو اژدها بر روی سقف یک معبد در ژاپن است

۱۲۰۲ A.D.; ۲۰۰۲, ceiling painting, Kyoto, Japan. Licensor: kazuh (CC BY ۲/۰).

عکس ۹۳. بولگوکسا (佛 國寺)، کره
معبدی بودایی که در دوران امپرانوری شیلا

The ۶th century A.D., Gyeongju, South Korea. Licensor: parhessiastes (CC BY-SA ۳/۰).

در قرن اول ظهور بودیسم، هر دو شاخه کوشیدند تا تفکر خود را در کشورهای همسایه گسترش دهند. هینه یانی‌ها یا بودیسم جنوبی ، آیین خود را در مناطق جنوبی از جمله سری لانکا، میانمار، کامبوج، تایلند، لائوس، مالزی، و دیگر کشورهای مجاور جنوبی گسترش دادند، و شاخه مهایانی‌ها یا بودیسم شمالی در کشورهای شمالی از قبیل چین آیین خود را گسترش دادند. مهایانی‌ها، در روند عوام پسند ساختن و مشهور کردن آیین خود، به راحتی تفکر و فلسفه خود را با آیین های محلی آمیختن، آیین هایی از قبیل کنفوسیوس و تائوئیسم. در چین به سرعت این آیین بومی سازی شد. در کره جنوبی مذهب بودیسم، یک مذهب خارجی و وارداتی از چین می باشد که نفوذ فرهنگی آن طی دوره شیلا (۵۷ قبل از میلاد تا ۹۳۵ بعد از میلاد) و کوریو (۹۱۸ تا ۱۳۹۲) در کره غالب بود. بودیسم کره ای معتقد به لزوم تحمل رنج و عذاب انسانها است که این رنج و عذاب بایستی با میل و رغبت ایجاد شود. بنابراین برخی از بودائی ها سعی می کنند با ترویج دیدگاه انزواء و جداسازی به یک سطحی از بدنبال (bodhisattva of compassion) روشنفکری برسند و برخی دیگر هستند . بودیست های واقعی kwanum بجای آوردن درخواست های خود از در معابد خود در انزوای کامل زندگی نموده و تنها به عبادت می پردازند و حتی برای تامین نیازهای اولیه غذایی خود نیز به دستان پرخیر و برکت مردم و طرفداران خود چشم دوخته اند . این دسته از رهبران بودایی در واقع در هیچ فعالیت اقتصادی مشارکت نداشته و به ندرت از معابد خود که بیشتر در دامنه کوهستان ها و مناطق دور دست و صعب العبور می باشد ، خارج می شوند. مشهورترین فرقه بودیسم در کره می باشد . همچنین فرقه (jogye) جوگیو از شهرت برخوردار می باشند. این مذهب که در سلسله کوریو در seon کشور رونق داشت در زمان پادشاهی چوسون (۱۳۹۲-۱۹۱۰) تحت فشار و سرکوب جامعه کنفوسیوسی قرار گرفت، اما در سال ۱۵۵۰ مجددا توسط مون جونگ، ملکه و نائب السلطنه کره مورد حمایت قرار گرفته است. مسئولین بشدت نگران کاهش راهبه های خود می باشند. در سال ۲۰۰۵ ، jogye فرقه راهبه های این فرقه ۴۶۶ نفر بودند، اما در سال ۲۰۱۴ تعداد آنان تنها ۲۷۴ نفر کاهش یافت که نشانگر کاهش پنج درصدی از تعداد راهبه های این فرقه می باشد، البته می توان دلایلی برای کاهش تعداد راهبه های بودایی برشمرد که برخی از دلایل عبارتند بیداری روحانی و رشد مسیحیت، رشد ماتریالیسم و عدم علاقه نسل جوان برای تحمل رنج و عذاب برای رسیدن به دوره های عالی راهبه گری.

عکس ۹۴. معبد هانگ سان سی
تصاویری از اژدها در ستون و سقف معبد ی در سنگاپور

۱۹۱۳ A.D., Singapore. Licensor: Shiny Things (CC BY ۲/۰).

۹۵ .عکس. Phra Maha Chedi Chai Mongkol
مجسمه مار هفت سر "ناگا" در تایلند

۱۹۸۵ A.D., Wat Pha Nam Thip Thepprasit Wanaram, Roi Et, Thailand.

عکس. ۹۶. معبد نان هوآ
اولین معبد بودایی در آفریقا، واقع در آفریقای جنوبی

۱۹۹۲ A.D., Republic of South Africa. Licensor: Ivan Fourie (CC BY ۲/۰).

۹۷ .عکس. Wat Haw

Phra Kaew
A temple holding an emerald statue of Buddha (Phra Kaew) in Laos.
۱۵۶۵ A.D., Vientiane, Laos. Licensor: Alcyon (CC BY-SA ۳/۰).

(神道:ژاپنی Shinto:آیین باستانی ژاپن، شینتو (انگلیسی
یعنی راه خدایان است. شین تو در اصل یک دین سازمان نیافته بود، که دشوار بشود گفت دارای یک نظام اعتقادی است؛ اما کیش آن در اندیشه ها و احساس های این ملت خوب تجسم یافته است و نفوذ آن در سراسر فراز و فرودهای تاریخ ملت پایدار مانده است. این آئین ایزدبانوی خورشید به نام اماتراسو (天照 را نگهبان سرزمین اجدادی می‌داند و خاندان امپراتوری را از نسل این خدا و تجسم وی می‌شمارد. کیش مهایانای بودایی در حدود سال ۵۵۲ میلادی توسط جومونگ پادشاه امپراتوری باکجه (پایتخت باکجه سئول- کره جنوبی امروزی است) که پیرو بودا بود، به ژاپن وارد شد و پس از برخورد با شینتو، سرانجام بسیاری از عناصر بودایی را به مذهب شینتو منتقل کرد. پرستش خدایان ملی و امپراتور، کرنش و قربانی برای مردگان و وطن‌پرستی از آداب به معنی طریقه دلاوران (武士道) این آئین است. نوعی فتوت به نام بوشیدو که تا اندازه‌ای از آئین ذن الهام می‌گرفت، جوانمردی و مقاومت برای شرف را الزام می‌کرد. آئین شینتو نیز بارها نوسازی شده‌است و پرستش امپراتور از سال ۱۹۴۶ توسط خود وی منسوخ گردیده‌است.
آئین بودا در ژاپن در قرن ۸ میلادی کاملاً رواج یافت و به
طور رسمی پذیرفته شد. در آن زمان لازم شد که میان آئین بومی و قدیم شینتو از یک سو و آئین بیگانه و نورسیده بودایی از سوی دیگر تلفیقی صورت گیرد. در آن هنگام برخی از روحانیون بودایی اعلام کردند در مکاشفات خود دانسته‌اند که خدایان باستانی ژاپن در حقیقت هر کدام بودی ستو بوده‌اند و آنجا ظهور کرده‌اند. همچنین گفتند آماتراسو یعنی خدای خورشید همان ظهور کامل بودا در کشور ژاپن بوده‌است. این مکتب را ریوبو، یعنی شینتوی ترکیبی نامیدند و به تبلیغ آن پرداختند. بدین شیوه آئین شینتو نوسازی شد و احیا گردید
دین شینتو خدایان بیشماري داشته و خداي واحدي ندارد. براي همین این.
آیین را «راه خدایان» یا «طریق روان هاي پاك» نامگذاري کرده اند. و به خاطرشباهت اش با بودیسم خیلی راحت با این دین تلفیق شد. امروزه در ژاپن از معبد بوداییان برای برگزاری مجالس ختم و یادبود استفاده می شود.
امروزه در معابد بوداییان تصاویر زیادی از مار و افعی و اژدها دیده میشود.
بعضی از راهبان بودایی اظهار داشته اند که در تعمق و ریاضیت های خود مار و اژدها را ملاقات کرده اند. از دیدگاه مسیحیت، دنیای روحانی که آنها به آن می رسند آسمان اول و آسمان دوم (اتمسفر و گیتی) میباشد. جایی که شیطان و ارواح شریر مستقر هستند. [مراجعه کنید به نمودار شماره ۱ "ساختار آسمان" در صفحه ۲۸.]
متأسفانه، شیطان در آنجا واقعاً آنها را ملاقات می کند و آموزه های خود را به آنها می آموزد، و راهبان بودایی آن آموزه ها را در مقدس دانسته، از طرف

خد ایان می دانند. در بسیاری از معابد بودایی در سراسر جهان تصاویری از مارها و اژدها ضروریت دارد (عکس. ۹۱-۱۰۰).

.عکس. ۹۷
.نقاشی دیوار در مالزی

۱۶۴۶ A.D., Melaka, Malaysia. Licensor: Chang'r (CC BY-ND ۲/۰).

عکس. ۹۹. بتکده اژدها
تمام ساختارهای در این بتکده در ویتنام با تصاویر اژدها تزیین شده است

۱۹۴۵ A.D., Dalat, Vietnam. Licensor: Jax H (CC BY-ND ۲/۰).

عکس. ۱۰۰. معبد لانگشان
معبدی مشترک برای هر دو بودیسم و تائویسم در تایوان

۱۷۳۸ A.D., Taipei, Taiwan. Licensor: Shen Shi'an (CC BY-SA ۲/۰).

بعض از راهبان معرف بودایی حتی اقرار کرده اند که شخصاً شیطان را ملاقات کرده اند. برای نمونه "سانگ چول" از کره جنوبی (۱۹۱۲- ۱۹۹۳) در یک موعظه بودایی چنین گفت، "شیطان، در این لحظه بیا، من تو را احترام خواهم گذاشت و تو را پرستش خواهم کرد. تو هستی طبیعت و ذات بودای مقدس. شیطان و بودا اسمهایی از تو هستند و در ذات و هویت آنها هیچ گونه تفاوتی نیست (Chosun Ilbo, Daily News, April ۱۹۸۷ ,۲۳, Pic. .(۱۰۱ اذعان کرد که شیطان و بودا یک هویت دارند. در کتاب Sungchul ،بنابراین ۲۰۰۵، ص ۲۱۵)، او Yulimwon، :.خود با عنوان، خودتان را گول نزنید (کره اعتراف کرده است که قلب او به یک میلیون قطعه شکسته شده است، چرا که در زبان سانسکریت، Avici) او بسیاری را به اعماق جهنم رهبری کرده است (無間 地獄 و یا.

ز طریق مراقبه و ریاضت، او اژدها و مار را در آسمان اول و دوم ملاقات کرده و متوجه شد که آنها کسی نیستند به غیر از شیطان (مکاشفه ۲۰:۲). کسی که کتاب مقدس او را "رئیس قدرت هوا" می نامد (افسسیان ۲:۲) و " خدای این دنیا" (دوم قرنتیان ۴:۴) و "رئیس این جهان " (یوحنا ۱۲:۳۱). حتی این را می دانست، او قادر به فرار از تاریکی شیطانی نبود، Sungchul اگر چرا که فیض خداوند عیسی به او داده نشده بود.

بودیسم ادعا می کند که از طریق مراقبه و ریاضت می توان حقیقت نهایی که فراتر از زمان و فضا است را درک کرد. بودئیسم می آموزد که انسان توسط تلاش خود می توانید از این حقیقت مطلق شود. اما تنها می توانند به آسمان اول و دوم بروند، جایی که شیطان و پیروان او مستقر هستند. کار ی که بودایی ها انجام می دهند از این قرار است، هویت خود را رها میکنند، از طمع ورزی اجتناب می کنند، پرهیز از کشتار، فراتر رفتن از تمایلات دنیوی و تاکید بر تمرین اعمال خوب برای دیگران، با این حال بندگی شیطان طبیعت اصلی آنها است. به عبارت دیگر، مقصد نهایی آنها دریاچه ابدی آتش است (مکاشفه ۲۰:۱۰) و آن جهنم است (متی ۱۰:۲۸؛ مرقس ۹:۴۳/۴۸) جایی ک هشیطان و پیروانش تا به ابد افکنده می شوند.

조선일보 西紀 1987年 4月 23日

"우리서로 부처로 섬기면 이세상이 極樂"

李性徹종정 석탄절 法語

"善惡이 상통할때 세상

عکس. ۱۰۱. خطبه بودایی Sungchul در روز تولد بودا

مقاله Sungchul در روزنامه چوسان Ilbo ۱۹۸۷ سال، در کره جنوبی.
The Chosun Ilbo, Korea, April ۲۳, ۱۹۸۷. p. ۷.

E. ایده پرستش الهه (ایزد بانو) در بودیسم

در اندیشه‌های بودایی به موجوداتی که به همه موجودات هوشمند دیگر کمک می‌کنند تا به مرحله بیدار شدن روحانی (بوداگی) برسند بوداسَف (بیداروجود) گفته می‌شود. واژه بوداسف در ادبیات فارسی پیشینه دارد و از واژه سانسکریت بودی‌سَتوا مشتق شده است. بوداسف در چینی 菩萨، در ژاپنی 菩薩 (بُساتسو)، در کره‌ای بُسال و در سانسکریت bodhisattva نامیده می‌شود که از نظر لغوی به معنای بیداروجود است.

بوداگرایی دو شاخه اصلی دارد یکی راه کوچک (هینایانه) و دیگری راه بزرگ (مهایانه). پیروان هینایانه بر این باورند که افرادی که به مرحله بیداری و بودا شدن رسیده‌اند تک تک به فراسو می‌روند و دیگر کاری به این جهان ندارند. هینایانه‌ای‌ها این افراد را آرهت یعنی آدمهای باارزش می‌نامند. اما مهایانی‌ها بر این باورند که کسانی که دریای بیکران حق و راستی را دریافتند باید در کنار درگاه حق بمانند و بکوشند تا بقیه موجودات را هم به سوی حق و حقیقت بکشانند. همین افراد هستند که در ادبیات بودایی به بوداسف شناخته می‌شوند. بوداسف‌ها اینکار را از روی مهرورزی به همه موجودات می‌کنند. یعنی آنها همه موجودات را به چشم نمودهایی از جهان حق می‌بینند و به همه

مهر می‌ورزند و می‌کوشند تا دیگران را نیز مانند خود بسوی رستگاری و حق یابی بکشند. الهه "کوآنیین" یکی از مقدسین مشهور در بودیسم است که به ایزدبانوی رحمت، آرامش دهنده، و برآوردن آرزوهای مردم شهرت دارد.
طبق اسناد تاریخی، در روند تلفیق بودیسم با ادیان محلی هندوستان، یکی از ایزدبانوان هندوئیسم به نام "لاکشمی" به عنوان ایزدبانوی رحمت در بودیسم پذیرفته شد و نام او به کوآنیین تغییر پیدا کرد. این الهه بودایی به خاطر فرهنگ مردمحور حاکم در چین و کره، تصاویر این الهه ای با سبیل طراحی شد. با این حال، در هنر مدرن بودایی، او به عنوان یک زن کامل به تصویر کشیده شده است. و گاهی اوقات، در عکسهایی از این الهه، او را سوار بر اژدها به تصویر کشیده شده است (عکس. ۱۰۲). درابنجا می توان به عمق نفوذ و تاثیر گذاری آیین بابلیان در بودیسم پی برد.
در بسیاری از کشورهای بودایی، مجسمه مادر و بچه دیده می شود، این مجسمه ای که در واقع تندسی از الهه رحمت میباشد. به عنوان مثال، در نپال و هند، شهر زادگاه بودیسم، بسیاری از مجسمه های مادر و فرزند (عکس. ۱۰۳)، که به طور مستقیم تحت تاثیر تندیس مادر- و - فرزند قرار گرفته اند. را مشاهده (Guanyin) در عکسهای ۱۰۶ و ۱۰۷ تصاویر تحول یافته گوآنیین می کنید. به طور خاص در ژاپن، مجسمه مادر (الهه خورشید شینتوئیسم) و کودک همراه با گوآنیین ، ظاهر شده اند. این تصاویر باعث تکثیر تصویر سمیرامیس که تموز را در آغوش دارد. در اینجا، ما می توانید پی ببریم که چگونه آیین بابلیان عمیقا در آسیا تعبیه شده است.
در ژاپن، یک مورد غیر معمول از مجسمه بومی شده مریم مقدس به عنوان عکس. ۱۰۸) وجود دارد.) Guanyin یک مجسمه ای از الهه بودایی گوآنیین کلیسای کاتولیک روم در سال ۱۵۴۹ اقدام به تبلیغ مسیحیت در ژاپن کرد، اما دولت ژاپن در سال ۱۶۰۰ میلادی، تقریباً ۳۰۰ سال پیش، فرمانی بر ضد مسیحیت صادر کرد. در آن دوران، ژاپنی های کاتولیک مجسمه از مریم ساختن که شباهت گوآنیین بود و آن را در خانه هایشان خود مخفی می کرده و مریم باکره را از طریق این مجسمه پرستش می کردند. در اینجا، یک پدیده عجیب و غریب اتفاق افتاده است - پرستش مریم باکره در کلیسای کاتولیک که نتیجه بومی سازی مسیحیت با دین بابلی بود دوباره با بومی شدن در بودیسم شکل بومی جدیدی به خود می گیرد.
امروزه، به منظور ایجاد هماهنگی بین ادیان مختلف تصاویر مذهبی کلیسای کاتولیک روم با تصاویر مذهبی سایر ادیان به سادگی آمیخته می یک معبد مشهور بودائی در کره جنوبی، Kilsang-SA، شود. برای مثال، در این مجسمه که توسط یک کاتولیک رومی تندیس (Guanyin الهه بودایی (در شده است (عکس ۱۰۹). این مجسمه ترکیبی از تصویر از مریم باکره و

می باشد که استنتاج بر این دارد که هیچ تفاوتی بین Guanyin تصویر از کلیسای کاتولیک روم و بودیسم وجود ندارد. و همین طور به منظور ترویج گثرت گرایی دینی، این آمیخته گری دینی انجام می گیرد. آیین شیطانی بابلیان که در پیدایش ۳:۱۵ نبوت شده است، در نمادهای مار خدا و الهه سمیرامیس در سطح جهانی گسترش یافته است. و ادیان جهان برا ریسدن به هدفی مشترک که هماهنگی ادیان باشد با هم متحد شده اند.

عکس. ۱۰۲. الهه رحمت بودایی سوار بر اژدها

Avalokitesvara, Guanyin.

عکس. ۱۰۳. مجسمه مادر و فرزند، نپال

The ۱۴th–۱۵th centuries A.D., Nepal; Victoria and Albert Museum, London, UK. Licensor: Ian – seriykotik۱۹۷۰ (CC BY ۲/۰).

عکس. ۱۰۴. مجسمه کوآنیین Child-sending (送子觀音) در چین

The ۱۹th century A.D., China; Baba Bling, Quai Branly Museum, Paris, France. Licensor: Jean-Pierre Dalbéra (CC BY ۲/۰).

عکس. ۱۰۵. مجسمه کوآنیین Child-sending (送子觀音) در چین

The ۱۸th century A.D., China; National Museum of Asian Art-Guimet, Paris, France. Licensor: Jean-Pierre Dalbéra (CC BY ۲/۰).

عکس. ۱۰۶. کوآنیین (慈母観音) مادر مهربان و بخشنده در ژاپن همچنین Jibo Kannon هم نامیده می شود

Kyoto, Japan. Licensor: Kimon Berlin (CC BY-SA ۲/۰).

عکس. ۱۰۷. (慈母観音) کوآنیین
مادر مهربان و بخشنده در ژاپن

Nagano, Japan. Licensor: panina.anna (CC BY ۲/۰).

در ژاپن، (Kannon)
یک اثر تاریخی از کلیسای کاتولیک ژاپن که مجسمه مریم باکره شبیه به مجسمه های بودایی کوآنیین ساخته شده است تا خود را در مقابل جفا مصون بدارند

Nantoyoso Collection, Japan. Licensor: Iwanafish (CC BY-SA ۳/۰).

عکس. ۱۰۹. مجسمه کوآنیین ساخته شده توسط یک کاتولیک رومی
کره، مجسمهای که از ترکیب (吉祥寺)، کوآنیین
تصویر مریم باکره و کوآنیین تندیس شده است

۲۰۰۰, Seoul, Korea.

نتیجه

در این دنیا کسانی که در خدمت خداوند نیستند، شیطان را خدمت می کنند. در واقع دو حاکمیت در این دنیا وجود دارد، حاکمیت خدای خالق، و حاکمیت شیطان. هر انسانی زیر حاکمیت یکی از این دوتا است. بنابراین، اگر کسی در حاکمیت شیطان باشد ممکن است در بعد روحانی آن مار یا اژدها را که در آنجا وجود دارند را ببیند. چرا آنها شمایل شیطان هستند ((مکاشفه ۲۰: ۲.
در نتیجه، تمام ادیانی که ساخته دست بشرند شیطان را در غالب مار ، مار الهه، و اژدها پرستش می کنند. شیطان در چهرهایی و شخصیتهای متفاوتی خود را نمایان می سازد، گاهی اوقات به عنوان نجات دهنده، گاهی اوقات به عنوان الهه رحمت و چهرهای دیگر... شیطان غالبا در تاریخ بشر واردشده و عده انبوهی از انسانها را از هر دو گروه کسانی که که از پیش برای فرزندی خداوند تعیین شده اند ولی هنوز نجات داده نشده اند و کسانی که از پیش برای پیروی از شیطان تعیین شده اند را زیرکانه فریب می دهد، تعالیم ادیان، مشکلات بزرگ اخلاقی ایجاد نمی کند ولی انسانها از هر دو گروه از پرستش خدا خالق باز می دارد. خدایی که نویسنده حقیقت و تنها نجات دهنده است، خداوند عیسی مسیح. شیطان با حیله گری، مردم را می فریبد و افسانه ها و اسطورها را برای مردم واقعی جلوه می دهد. شیطان به طور خاص به دنبال این است که مردم وادار کند که کفاره عیسی خداوند این حقیقت مهم را رد کنند. کفاره که اساس زندگی است. بنابراین این افراد توسط شیطان فریب می خورند، حقیقت را ندیده و به هلاکت ابدی محکوم می شوند.و حتی امروزه بسیاری از مردم در همین جهت در حال حرکت هستند.
در عصر مدرن امروز، شیطان دریافته است که وقتش در حال پایان است. در نتیجه نهایت تلاش خود را برای گمراهی انسانها انجام می دهد (متی ۲۴:۲۴؛ مکاشفه ۱۲:۱۲). به ویژه، شیطان انسانهای این عصر مدرن را که تحصیلات سکولار را دریافت کرده اند را بشتر در هدف دارد. شیطان از حوزه مذهبی خارج گشته در تمام حوضه های زندگی از قبیل حوضه های فرهنگی،

اجتماعی، اقتصادی، سیاسی، هنری، علمی و غیره ..... وارد عمل شده است. در نتیجه، خود شیطان در همه این حوضه ها مورد پرستش قرار می گیرد. و لازم برای تحقق نبوت پیدایش ۳:۱۵ همه رویدادها اتفاق بیافتد.

در فصل ۳، جنبش عصر جدید که تفکری شیطانی است و ایده کثرت گرایی دینی را ارائه می دهد مورد بررسی قرار خواهد گرفت. و پی خواهیم برد که نبوت پیدایش ۳:۱۵ چگونه درمسیر خاص خود جامع عمل می پوشد.

(پیدایش ۳:۴/۵)
مار به زن گفت: «بهیقین نخواهید مرد.
،بلکه خدا میداند روزی که از آن بخورید، چشمان شما باز خواهد شد
«.و همچون خدا شناسندهٔ نیک و بد خواهید بود

فصل سوم

دوران مدرن یا مدرنیته و شیطان پرستی

مقدمه
جنبش عصر جدید
کثرت گرایی دینی
ظهور و سقوط آیین بابلیان
نتیجه

مقدمه

پسا نوگرایی یا پست مدرنیسم، (همچنین: پسامدرنیسم، پساتجدد، مابعد تجدد) به سیر تحولات گسترده‌ای در نگرش (به انگلیسی: Postmodernism) انتقادی، فلسفه، معماری، هنر، ادبیات و فرهنگ می‌گویند که از بطن نوگرایی (مدرنیسم) و در واکنش به آن، و یا به عنوان جانشین آن پدید آمد. پست مدرنیته مفهومی تاریخی-جامعه‌شناختی است که به دوران تاریخیِ بعد از مدرنیته اطلاق می‌شود. در آغاز این جنبش در فرانسه و ایالات متحده در دهه ۱۹۶۰ پدید آمد و ایده اصلی آن نسبی گرایی و ثکثر گرایی می باشد که قدرت مفاهیم سنتی در جامعه را از بین می برد. و حتی مفاهیمی مثل خوب و بد را رد می کند. و طبعاً به آنجا می رسد که در وجود شیطان شک و تردید به وجود می آورد.

اندرو دلبانکو (۱۹۵۲-) در کتاب خود مرگ شیطان اظهار داشت که، "شیطان، مانند یک بازیگر کمدی، مخاطبان خود را از دست داده است". دلبانکو در نوشتهای خود سعی کرده است هویت واقعی شیطان را در ۲۰۰ سال گذشته مخفی نگه دارد. حتی اولینگ استون یکی از مشهورترین مجلات آمریکایی و همینطور مجله شک گرایان و عصر جدیدی ها هم، کسانی که به وجود شیطان اعتقاد ندارند، از شیطان به عنوان "مرد ثروث و طعم" نام برده اند.

از طریق مغلطه گران و برهان تراشان جامعه (کسانی همچون بهرام مشیری)، فعالیتهای شیطان، به نتیجه مطلوب خود می رسد. فرقی نمی کند که مردم این را تشخیص دهند یا نه، به هر حال شیطان با ایادی خود در حال نابودی و جدا کردن مخلوقات از خالق خود هستند. ابلیس مانند شیر غرّان گردش میکند تا کسی راببلعد، و اگر ممکن بود حتی برگزیدگان را نیز گمراه کند (متی ۲۴:۲۴؛ اول پطرس ۵:۸). خداوند عیسی در متی ۲۴:۳/۳۶ از قبل نبوت کرده است که یکی از نشانه های زمان آخر فعالیتهای شیطانی می باشد. به طور خاص، این رویداد که پیشگویی شده بود، درست قبل از آمدن عیسی خداوند به روی زمین و تخریب «بابل بزرگ" (مکاشفه ۱۸:۱۰) رخ خواهد داد.

بر اساس باب ۱۳ تا ۱۸ کتاب مکاشفه، «بابل بزرگ» اشاره دارد به سیستمی که دو انسان وحش خوی (که همان فرزندان شیطان باشند) آن را بر قرار می (کنند (۲ پطرس ۲:۱۲/۲۲؛ یهودا ۱:۱۰؛ اول یوحنا ۳:۱۰.

اولین وحش که از دریا بیرون خواهد آمد، نشان دهنده یک سیستم سیاسی و اقتصادی (مکاشفه ۱۳:۱) است، و وحش دوم که از زمین بیرون خواهد آمد نشان دهنده یک سیستم مذهبی (مکاشفه ۱۳:۱۱) است. در کتاب مقدس، دریا و زمین معمولا نمادهایی از جهانی است که انسان در آن زندگی می نماید، و این .دو سیستم شیطانی، سیستم هایی هستند که دنیای انسانها را تشکیل می دهند وحش دوم، یک نظام دینی، نشان دهنده کثرت گرایی مذهبی امروز است.

کثرت گرایی مذهبی نفوذ و قدرت زیادی در نظام سیاسی-اقتصادی این دنیا خواهد داشت (مکاشفه ۱۳:۱۳/۱۴). بنابراین پادشاهان زمین (وحش اول) مرتکب زنا خواهد شد (خدمت کردن شیطان) با فاحشه بزرگ (وحش دوم، که کثرت گرایی مذهبی باشد) ، و ساکنان زمین (غیر مسیحیان) ، با جام مخلوط (تلفیق‌گرایی مذهبی، مکاشفه ۱۸:۶) و جام معجون مضاعف او (اصول کثرت گرایی مذهبی، مکاشفه ۱۸:۲). یوحنای رسول در مکاشفه ۱۷:۲؛ ۱۸:۳ نبوت میکند که همچنین پادشاهان قدرت خود را با او به مشارکت خواهند گذاشت.

کثرت گرایی مذهبی جنبشی است که در راستای اعاده کردن آیین بابلیان عمل می کند. به عبارت دیگر،این جنبش، همه ادیان را که در آیین بابلیان ریشه دارند را با هم متحد می کند. در واقع نام دیگر این جنبش را می توان آیین بابلی مدرنیزه شده نام نهاد. اعاده شدن آیین بابلیان را یوحنای رسول در کتاب مکاشفه، به عروس نفرت انگیزی که خود را به شباهت عروس عیسی خداوند تغییر قیافه داده است تشبیح میکند. این عروس نفرت انگیز به زنی توصیف شده است (مکاشفه ۱۷:۳، ۷، ۹، ۱۸)، فاحشه (مکاشفه ۱۷:۱۵، ۱۶)، فاحشه بزرگ (مکاشفه بزرگ)، مادرفواحش و زشتیهای(خدای ادیان) زمین (مکاشفه .۱۷:۵)، ملکه (مکاشفه ۱۸:۷) و اسامی دیگری که در کتاب مقدس آمده است حقیقت این است که این امروزه این جنبش در سرتاسر جهان پخش شده است.

هرچند کثرت گرایی مذهبی از درون مسیحیت تبلور یافته است، اما متاسفانه از طریق این جنبش، اصول شیطانی آدیان دیگر با مفهوم خون گرانبهای عیسی خداوند آمیخته شده است. این جنبش که هویت کتاب مقدسی عیسی خداوند را انکار می کند، قصد دارد طبق نبوت کتاب مقدس اتحاد بین ادیان را روز به روز بیشتر کند. جنبش عصر جدید، که امروز خیلی رایج است را می تواند به عنوان بخشی از این جنبش کثرت گرایی مذهبی به حساب آورد.

در این فصل، ما را به بررسی جنبش عصر جدید و پلوراليسم دینی خواهیم پرداخت. جنبشی که خیلی زیرکانه هویت شیطانی خود را پنهان نگاه داشته است و به سرعت هم در حال پخش شدن در سرتاسر جهان است. و همانطور

که ما ریشه ایمانی آنها را بررسی می کنیم به نیت آنها در خصوص متحد کردن دوباره ادیان پی خواهیم برد، نیتی که از آیین بابلیان، که توسط نمرود بنیانگذاری شده بود نشات گفته است.

این رویداد تکمیل بخشی از نبوت پیدایش ۳:۱۵ میباشد، ظاهراً نسل شیطان در این میدان پیروز به نظر می رسد اما در نهایت به طور حتم توسط نسل (زن نابود خواهد گشت (مکاشفه ۱۸.

بخش اول جنبش عصر جدید

حتی امروزه در این عصر جدید هم آیین بابلیان در حال گسترش است. جنبش عصر جدید موجود، مقامات سنتی را رد کرده و به دنبال سیستم جدید است، که مقامات انسان محور را جایگزین مقامات سنتی در حوضه های میکند.در تمام مناطق از جمله قبل از جنبش عصر جدید، جامعه غربی حفظ شده بود ارزش کتاب مقدس مسیح محور برای یک مدت طولانی و رد شده بود دیگر ادیان و ارزشهای سکولار است که آنها را انکار کند. از سوی دیگر، جنبش عصر جدید مثبت پذیرای معنویت از ادیان که پرستش بت های مختلف. می توانیم له.

بخش اول
جنبش عصر جدید

آیین بابلیان به طور مرتب امروزه هم همچنان در جنبش عصر جدید ریشه دارد. جنبش عصر جدید، سنت های موجود را رد کرده و به دنبال حاکمیتی انسان محور در تمام حوضه ها ست، جمله حوزه سیاست، جامعه، فرهنگ، فلسفه، مذهب و دیگر حوزه ها. قبل از جنبش عصر جدید، جامعه غرب خود را طبق کتاب مقدس در مسیح محوری حفظ کرده بود، و برای مدت طولانی تعالیم ادیان دیگر و ارزشهای سکولار را نپذیرفته بود. اما بالعکس، جنبش عصر جدید، مثبت گرایانه معنویات ادیان دیگر را که پرستش بت های مختلف است را در آغوش گرفته است.
جنبش عصر جدید (معنویت عصر جدید)،، تفکر همه خدایی را در آغوش باور به این (Pantheism :گرفته است. همه‌خدایی یا پانتئیسم (به انگلیسی است که خدا (یا الوهیت) و جهان (یا طبیعت) یکی‌اند و خدای شخصیت دار، خالق و جدای از طبیعت وجود ندارد. واژه خدا مترادف است با قانون مندی حاکم بر امور جهان. بنابراین نظریه، خدا موجودی که جدا از این عالم باشد نیست؛ بلکه کل نظام طبیعی است یا جنبه‌ای از آن؛ یا جهان به طور کلی خداست؛ یا قوه و قدرتی که در تمام جهان انتشار و نفوذ دارد خداست. خدا همه جا هست و همه چیز یا در همه چیز است آنها ادعا می کنند که همه ادیان در این جهان در نهایت به یک خدا اعتقاد دارند. و آنها از مصالحه و اتحاد ادیان پشتیبانی می کنند. علاوه بر این، آنها بر این باورند که، از آنجایی که انسان بخشی از جهان است، او نیز می تواند با تعلیم و پرورش روحانی به مقام خدایی ارتقاء پیدا کند و وارد بعدی از زندگی که نیروانا نام دارد بشود.
پیروان این جنبش که در سرتاسر جهان پخش شده اند و قصد تغییردنیا را دارند، این جنبش را یک مذهب جدید نمی دانند، بنابراین نیاز نمی بینند که مکان خاصی برای پرستش لازم باشد. آنها تمام عرصه های زندگی را محلی برای اجرای ارزشها و معیارهای این تفکر می دانند. و بسیاری از سازمانها جهانی در ترویج و گسترش این تفکر عمل میکنند در میان آنها انجمن تئوسوفی که سازمانی درباره در جهت پیشبرد بنیان‌های معنوی و تحقیق

در زمینه حقیقت که در سال ۱۸۷۵ تشکیل شد. تئوسوفی امروزه یک مدرسه فلسفی فعال است و بواسطه فرایندی انشعابی افزایشی را نسبت به دیگر عقاید مذهبی، فلسفی، عرفانی و سازمان‌ها تجربه کرده‌است. انجمن تئوسوفی، منطق علمی برای جنبش عصر جدید را فراهم می کند. با بررسی فعالیتها و نمادهای این انجمن، ما به شواهدی دست می یابیم که نشان دهنده ماهیت شیطانی این جنبش می باشد.

A. جنبش علمی عصر جدید

جامعه تئوسوفی به طور رسمی در نیویورک ایالات متحده آمریکا در نوامبر ۱۸۷۵ توسط هلن بلاواتسکی و هنری استیل الکات، ویلیام کوان جودج و دیگران تأسیس شد. این انجمن نقش مهمی در گسترش جنبش آکادمیک و علمی عصر جدید ایفا کرده و می کند.

θεοσοφία از واژه یونانی (Theosophy :تئوسوفی یا تیاسافی (انگلیسی سوفیا به معنی(σοφία +)تئوس به معنی خدا) θεός تئوسوفیا، با ترکیب خرد) در مجموع به معنی خرد یا فرزانگی خداوند است که به سیستم‌های فلسفه علوم خفیه یا دانش جستجوی مستقیم اسرار وجود و طبیعت اشاره دارد که به را مورد توجه قرار(en)طور ویژه طبیعت وجود یزدانی، خدایی یا الوهیت تر علوم خفیه است که به یک دانش‌می‌دهد. تئوسوفی بخشی از زمینه گسترده یا خرد مخفی اشاره می‌کند که رستگاری و روشنگری شخصی را ارائه می‌کند. شخص تئوسوفر در پی فهمیدن اسرار جهان و پیوندهایی که جهان، انسانیت و وجود خدایی را به هم پیوند می‌دهند می‌گردد. هدف تئوسوفی پژوهش ریشه و اصل وجود خدایی، انسانیت و جهان است. از پژوهش عناوین، تئوسوفرها سعی می‌کنند توضیحی همسان و مرتبط از هدف و ریشه جهان را بیابند. این تفکر در تلاش است در نام عرفان ادیان جهان را متحد کند. این انجمن معتقد است که فقط یک خدا وجود دارد، هر چند صرفاً به علت تفاوتهای فردی و فرهنگی از اسمهای مختلفی بر روی این خدا گذاشته شده است.

با بررسی تفکر و فلسفه انجمن تئوسوفی به راحتی می توان به این پی برد که این تفکر در آیین بابلیان ریشه دارد. در عکس ۱۱۰، لوگوی انجمن تئوسوفی را مشاهده می کنید که در آن تصویر مار اوروبروس که نمادی از شیطان باشد وجود دارد و همچنین تصویر ستاره که نماد طالع بینی. بین سر نماد هندوئیسم و بودیسم را مشاهده می ،(卍) و دم مار یک صلیب شکسته کنید. صلیب شکسته یا چلیپا در هندوئیسم و بودیسم نماد خوش اقبالی و در آیین مهر پرستی (میترائیسم) که در دوران پیش از آیین زرتشت بنیان نهاده شده بود نماد خدای خورشید است. در غرب، چلیپای شکسته با نام سواستیکا

به عنوان نماد نازیسم شناخته می‌شود. در بالای این لوگو نشانی قدیمی به نام مشاهده میکنید. اُم که یک مانترا (مجموعه‌ای از کلمات و آواهایی که (ॐ) اُم با آهنگ خاصی به دفعات تکرار می‌شود) و واژه عرفانی در سانسکریت می باشد که مربوط به ورد خوانی و افسونگری در آیین هندوئیسم است. در وب تفسیری ظاهراً خوش منظر ولی در ،(ॐ) سایت این انجمن از این نماد پلید نهان باطل ارائه داده شده است. آنها این نماد را که صرفاً کنشی شیطانی بیش نیست را با انجیل یوحنا ۱:۱ همسان می کنند. آنان ایمان مسیحی را تنها یکی از چندین ادیان جهان و خدای تثلیث را معادل با تریمورتی (به مفهوم اتحاد سه ایزد هندو- برهما، ویشنو، شیوا) تلقی می کنند. انجمنی که مملو است از تلفیق گرایی شیطانی.

از آنجا که این انجمن معقد است که عالم هستی به خودی خود خدا است.

هر انسان به عنوان یک عضو از این عالم هستی دارای ذره ای از ذات و طبیعت الهی است. شخص تئوسوفر در پی فهمیدن اسرار جهان و پیوندهایی که جهان، انسانیت و وجود خدایی را به هم پیوند می‌دهند می‌گردد. و برای این کار، توجه و پژوهش عمیقی به عقاید و مناسک مکتب های عرفانی دارد. و در میان آنها به جادوگری، یوگا، مدیتیشن، فال، کیمیاگری توجه خاصی دارد.

همینطور که در عکسهای زیر مشاهده می کنید (عکس ۱۱۱-۱۱۳)، ایده های عرفان و کیمیاگرایی در آیین بابلیان ریشه دارد. در این گرافیک ها می بینید که چگونه آنان عقاید خود را با نمادهادی شیطانی آیین بابلیان در هم آمیخته اند. انجمن تئوسوفی، مکتب های عرفانی را که محضاً طلسم و جادوگری بیش نبودند، و در طی زمان به حاشیه رفته بودند را از زیر خاک بیرون آورد و رنگ و بوی تازه و معانی جدیدی به آنها داد. و اینگونه با فریب و القای مردم، آنها را به پرستش شیطان سوق می دهد.

همانطور که گفته شد کلمه تئوسوفی با ترکیب تئوس(خدا) وسوفیا (خرد) در مجموع به معنای خرد یا فرزانگی می باشد. این انجمن آن را با حکمت خدا که در رساله اول قرنتیان ۲:۶/۷ ذکر است برابر می دانند.

اما بر خلاف این ادعا، "حکمت پنهان خدا" که پولس رسول در ۱ قرنتیان نام برده مربوط است به نقشه بزرگ نجات در پیدایش ۳:۱۵ که توسط عیسی مسیح از طریق مرگ او بر صلیب و مهیا کردن نجات برای همه کسانی که به او ایمان می آورند میباشد. اما پژوهشگران جنبش عصر جدید، قادر به درک معنای روحانی آن نیستند، آنها بعضی از آیات کتاب مقدس را خارج از چهار چوب آن تفسیر میکنند. تفسیری که تفکر عصر جدیدی آنان را تایید کند. ایشان پیام ارزشمند کفاره خون عیسی مسیح را تحریف و می کنند.

متأسفانه، آموزه های نادرست جنبش عصر جدید، معروفیت و محبوبیت زیادی در عصر پست‌مدرنیسم کسب کرده است. و انسانهای زیادی فریب این

تفکر شیطانی را خورده اند. این تفکر، به طور خیلی سریع در تمام سطوح اجتماعی و فرهنگی در حال گسترش است. از آنجا که این جنبش از هارمونی و برابری ادیان دفاع میکند، توسط افراد سکولار مورد استقبال و ستایش قرار گرفته است. از آنجا که این جو در جامعه مدرن خیلی رایج و متداول شده است، اگر مسیحیان از نظر روحانی با کلام پر قدرت خداوند مجهز نباشند، تشخیص فریب این تفکر شیطانی عصر جدید که توسط فرهنگ سکولار ترویج داده می شود برایشان سخت تر و سخت تر خواهد شد.

عکس. لوگو ۱۱۰. انجمن تئوسوفی لوگوی وب سایت تئوسوفی که این انجمن در هند قرار دارد

ts-adyar.org

عکس. ۱۱۱. عرفان و کیمیاگری

Leonhardt Thurneysser zum Thurn. ۱۵۷۴ A.D.; theosophische Darstellung zur Alchemie, Abbildung S. ۱۸۸, Chem. ۲۳, Sächsische Landesbibliothek - Staats- und Universitätsbibliothek Dresden, Germany; Deutsche Fotothek, ۲۰۰۸

عکس. ۱۱۲. عرفان و کیمیاگری

Guglielmo Grataroli & Morienus Romanus. ۱۶۱۰ A.D.; theosophische Darstellung zur Alchemie, Abbildung S. ۱۴۲, Chem. ۲-۱۲۳۵, Sächsische Landesbibliothek - Staats- und Universitätsbibliothek Dresden, Germany; Deutsche Fotothek, ۲۰۰۸

عکس. ۱۱۳. عرفان و کیمیاگری
تفکر کیمیاگری و عرفان در خاورمیانه شکل گرفت و تا اروپا گسترش یافت.

۱۶۷۸ A.D.; theosophische Darstellung zur Alchemie, Abbildung S. ۳۹۶, Chem. ۳۶۰, Sächsische Landesbibliothek - Staats- und Universitätsbibliothek Dresden, Germany; Deutsche Fotothek, ۲۰۰۸

B. معنویت عصر جدید: تعمق، یوگا، و رقص

جنبش عصرجدید برای رسیدن به هدف خود که همان حصول حقیقت از طریق نهانی باشد، صرف نظر از تفاوتهای اعتقادی ادیان و مذاهب مکتبی، تمام روش های عرفانی این ادیان و مکاتب را به کار می گیرد. آنها با استفاده از افسون گری، فال، هیپنوتیزم، موسیقی آشفته و دیوانه وار، تجارب جنسی غیر عادی و ناروال، ریاضت، مواد روان‌گردان، و حتی با به کار گیری علم و تکنولوژی در تلاش اند که آن ذات الهی پنهان در وجود خود را از طریق تجارب عرفانی بیدار کنند و به نیروی الهی کیهانی متصل می شوند. آنها بر این باورند که از طریق این فرایند می توان با ذات الهی در کائنات یکی شد. و کسی که به این مرحله برسد، دیگر محدودیت های دنیای مادی را نخواهد داشت.

مخصوصاً، شیوه‌هایی روحانی و تمریناتی معنوی که شکل مراسم نیایشی مکتب عرفانی را تشکیل می‌دهند در آیین هندو، بودا، تائو، و غیره وجود دارد را در این جنبش هم می توان مشاهده کرد، روش هایی مانند آهنگهای موزونی مختلف، رقص همراه با حالت خلسه، یوگا و تعمق و مناسک مذهبی مربوط به آنها. اینها معروف ترین رو شهای عرفانی هستند که در جنبش عصر جدید مورد استفاده قرار می گیرد. این روشهای در عرفان اسلامی، تصوف، و آیین سیک هم مورد استفاده قرار می گیرد. آیین سیک که در سده پانزدهم میلادی بدست گورو نانک در منطقه پنجاب از شبه‌قارّهٔ هند بنیان نهاده شد و بدست ده گوروی پسین گسترش داده شد (عکس ۱۱۴) نقطه برخورد هندئیسم و اسلام است. به خصوص در تصوف، مجتهد روحانی که صوفی (درویش) نامیده می شود با رقص سما که نوعی از رقص صوفیه شامل چرخشگر واریز یارانه بدن همراه با حالت خلسه برای اهداف معنوی و تماس با الوهیت کیهانی گفته می شود (عکس ۱۱۵). امروزه توریستهای زیادی برای مشاهده این رقص به عنوان رقصی سنتی و باستانی سفر می کنند.

علاوه بر این، یوگا، که به طور فزاینده ای در عصر امروز مشهور و عوام پسند شده است، در حقیقت نوعی شیوه مذهبی است که باعث ارتباط با معنویت شیطانی می شود. تمام اصول رایج در یوگا بر اساس انرژی مار است (عکس ۱۱۶). به عنوان مثال، در میان بسیاری از انواع یوگا، یوگا کندالینی (عکس ۱۱۷) یکی پایه ای ترین شیوه های معنوی در یوگاست. در اینجا، کن -دالینی به معنی "یک مار ی که چنبره زدنه است." می باشد. با تمرینات مدیتیشن و یوگا، آنها توضیح می دهند که چگونه کندالینی (مار مونثی که الهه شاکتی در هندوئیسم نام دارد)، ماری که در پایین ستون فقرات شخص چنبره زده است را بیدار میکنند و این مار که با الوهیت کیهانی دارد نمادی

یکی از بلندپایه ترین ایزدان آئین هندو شیوا خدای آفریننده. متکلمان این جنبش بر این باورند که از طریق بیداری کندالینی، شخص می تواند به نیروی یزدانی کیهان دست پیدا کند. به عبارت دیگر، انسان می تواند از این طریق خدا شود. روشهای محتلفی از یوگا امروزه وجود دارند که اختلافات اندکی هم با هم دارند. اما همه آنها در نهایت بر روی بیداری کندالینی، مجموعه نیروها و انرژی مار متمرکز هستند.
در واقع حالتیست که در آن سالکین و اهل طریقت به مقام یگانگی و وحدت با خود و خداوند و هستی نائل میگردند.

عکس. ۱۱۴. گورو نانک، بنیانگذار سیک
ورو نانک، رهبر یک فرقه سیک. در افسانه معروفی ادعا می کند هنگامی که در دوران جوانی اغلب توسط یک مار کبری محافظت می شده است.

Around ۱۹۰۰ A.D., Rai Bular Archives.

عکس. ۱۱۵. رقص صوفی
سماع به نوعی از رقص صوفیه شامل چرخشگر واریز یارانه بدن همراه با حالت خلسه برای اهداف معنوی گفته می‌شود.. در سماع دستی که به سوی آسمان و دستی که به سوی زمین است. لباس نیز در سماع حائز اهمیت است؛ لباسی سفید با دامن بلند. سماع در واقع حالتیست که در آن سالکین و اهل طریقت به مقام یگانگی و وحدت با خود و خداوند و هستی نائل میگردند. سماع در واقع نوعی هم سوئی با کائنات و نظام هستی محسوب میشود. و سماع گر با چرخیدن بر حول یک محور،که همان محوریت خداوند است،و چرخیدن به دور آن نقطه مفروض،با گردش کائنات هم سو و هم جهت میشود.

۲۰۱۰, Sema ceremony, Avanos, Turkey. Licensor: Schorle (CC BY-SA ۳/۰).

عکس. ۱۱۶. انرژی ماری یوگا
این تصویر روند مدیتیشن دریوگا را توضیح می دهد که باعث بیداری انرژی مار ی می شود.

Licensor: Scott Leslie – nessman (CC BY ۲/۰).

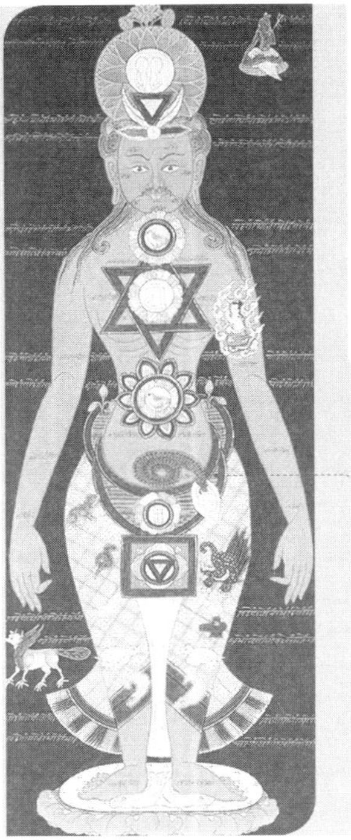

عکس. ۱۱۷. کندالینی یوگا
مار چنبره زده در پایین ترین چاکرا (چاکرا به باور آیین هندو به مراکز انرژی در بدن انسان گفته می‌شود) نزدیک محل غدد جنسی قرار دارد. کندالینی هر یک از این دو جلوه "ایزدبانو" یا " مار خفته ای که انتظار بیدار شدن را دارد" داراست . در تفسیر مدرن، کندالینی به نیروی ناخودآگاه، غریزی یا شهوانی یا "انرژی مادر و یا هوش بلوغ کامل" نامیده شده است.

سرانجام تمرینات معنوی شامل مدیتیشن، و مراقبه در این مکتب ها به نوعی شیطان پرستی منتهی می شود. کتاب مقدس تعلیم میدهد که شیطان "خدای این دنیاست" (دوم قرنتیان ۴:۴) کسی که بر آسمان اول (زمین) و آسمان دوم (کیهان) حکمرانی می کند، و روح شیطان در قلب و وجود کسانی است که به عیسی مسیح ایمان نیاورده اند (۸:۴۴ اعمال ۱۳:۱۰). چیزی که آنها کندالینی می نامند در واقع روح ابلیس است. و بیدار کردن او و به معنی به حداکثر رساندن معنویت شیطانی در شخص می باشد.
هنگامی که شیطان در باغ عدن حوا را وسوسه کرد، به او گفت، «این درست. نیست. شما نخواهید مرد. خدا این را گفت زیرا می‌داند وقتی از آن بخورید شما هم مثل او خواهید شد و خواهید دانست چه چیز خوب و چه چیز بد است.» (پیدایش ۳:۴/۵). عصر جدیدی ها این دروغ مار را باور دارند و به دنبال دست یافتن به آن می باشند. به عبارت دیگر، آنها بر این باورند که می توانند تا به

ابد از طریق تناسخ زندگی کرد، آنها معتقداند که می توان از طریق بیداری کندالینی منورالفکر گشته، و با روح واحد کیهانی متحد شوند و دروغ شیطان به حوا شد استنتاج عصر جدیدها.

برایعصر جدیدی ها نوع دین فرق نمی کند (به عکس ۱۱۸ مراجعه شود).

آنها به پیروان خود توصیه می کنند که از هر گونه روش آموزشی و تمرینات معنوی استفاده کنند. بسیاری از موسسات آموزشی عصر جدیدی، با هویتی مذهبی پنهان اقدام به توزیع آگهی و تبلیغات وسیعی در خصوص تمرینات یوگا و مدیتیشن و رابطه آن با سلامت جسمی و روانی می کند و از این طریق افراد زیادی را مجذوب این تفکر می شوند. اکثر مردم بر این باورند که اینگونه تمرینات صرفاً جنبه جسمی و روانی دارند و آن را با تمرین هوازی که گونه‌ای ورزش و فعالیت (Aerobic exercise :(ایروبیک) (به انگلیسی بدنی با هدفِ بهبود و گسترشِ آمادگی جسمانی (انعطاف‌پذیری مفصل، ماهیچه و دستگاه گردش خون) می باشد یکی می دانند، اما از ماهیت شیطانی که در این گونه تمرینات ظاهراً ورزشی نهفته است بی خبر هستند.

هدف و مقصد نهایی تمام تعلیمات و تمرینات روحانی آنها دست یافتن به قلمروی روحانیست، که هویت واقعی این تجربه رویارویی با مار قدیمی (اژدها، افعی). و آن عده از کسانی که به طور خیلی عمیق در این باورها سلوک می کنند و با روح واحد کیهان ملاقات می کنند در واقع با شیطان ملاقات کرده اند، چرا که هویت واقعی این روح واحد کیهانی کسی نیست به غیر از شیطان یا همان مار یا افعی. اما آنها این حقیقت را پنهان داشته و تفکرجنبش عصر جدید را به عنوان یک جنبش فرهنگی که برای افزایش رشد روحانی انسان و تغییر جهان به مکانی بهتر برای زندگی است بسته بندی می کنند. و با این کار برای ارضای خدایشان شیطان افراد را فریفته و وسوسه می کنند.

جنبش عصر جدید، این پدیده شیطانی مجموعه‌ای از عقاید و رسوم معنوی و مذهبی همه ادیان شیطانی در طول تاریخ بشر است که در یک حوزه گرد هم آورده شده اند. علاوه بر این، ریشه این پدیده مذهبی در آیین بابلیان ریشه دارد. همانطور که ما تاریخ تولد و گسترش این جنبش را بررسی می کنیم، می توانیم این را تایید کنیم که آن ریشه در آیین بابلیان دارد. اگر چه به نظر می رسد این جنبش وعده مدینه فاضله را به بشر می دهد اماا این یک فریب بیش نیست. ماهیت واقعی این جنبش معنوی پرستش شیطان است و بس.

امروزه تفکر عصر جدیدی را در رسانه ها اجتماعی (موزیک، فیلم سریال) در سطح گسترده ای نفوذ کرده است. حتی در کلیسا هم ما تاثیر عمیق این تفکر را مشاهده می کنیم. ریتم موسیقی مدیتیشن عصر جدیدی و همچنین موزیک راک در سرودهای پرستشی کلیسا نفوذ کرده است. کلیساهایی وجود

دارند که حتی با داشتن برنامه یوگا در کلیسا موافقت میکنند. برخی از کلیساها حتی فرهنگی فکری انسان‌گرایانه را در آغوش می گیرند، نهضت فرهنگی فکری که اشتقاقی از فلسفه یونان می باشد.

اگر کسی برای مدت طولانی به طور مداوم خود را در معرض عناصر جنبش عصر جدید قرار بدهد ، چشمان روحانی اش، کور خواهد شد. و مشکلاتی در تمرکز بر روی کلام خدا که خون عیسی مسیح مرکز محور آن است برای او پدید خواهد آمد. همچنین شور و اشتیاق او برای امر بشارت و میشن به تدریج تقلیل خواهد رفت. بنابراین ما همیشه باید خود را در مقابل این جنبش شیطانی محفوظ نگاه داریم.

ما نمی توانیم این جنبش را متوقف یا نابود سازیم چرا که این جنبش، یک فرقه از آیین بابلیان می باشد، و یکی از رویدادهای است که باید قبل از آمدن ثانوی خداوند عیسی مسیح اتفاق بیافتد. بنابراین مسیحیان در عین حالی که به آمدن ثانوی خداوند عیسی مسیح در آینده چشم دوخته اند، باید حکیمانه ماهیت و مفهوم این جنبش عصر جدید را درک کنند برای مقابله و افشای هویت شیطانی این جنبش خود را آماده سازند.

(عکس. معبد ۱۱۸. یوگا (آشرام
(Bahá'í Houses of Worship یا Lotus Temple) لوتوس تمپل یا معبد نیلوفر آبی معبد آیین بهائی یا مشرق الاذکار بهائیان در شهر دهلی‌نو پایتخت هندوستان است و به عنوان مادر معابد شبه قاره هند شناخته شده‌است. در این بنا به ندرت مناسکی ویژه بهائیان انجام می‌شود و همه می‌توانند با هر اعتقادی با سکوت به تفکر و مناجات بپردازند. برسر در ورودی این معبد، علامت تمام ادیان جهان نمایش داده می شود. (از چپ به راست) دایره خالی آیینی است که هنوز شناخته نشده است، اوم آیین هندو، ستاره داوود یهودیت، دروازه توری آی از شینتوئیسم، یینگ و یانگ از تائوییسم، چرخ سرنوشت از بودیسم، صلیب مسیحیت، هلال ماه و ستاره اسلام، شمشیر از سیک، دین قومی آفریقایی ، مذهب بومیان آمریکا، و دیگر ادیان ناشناخته اس.

۱۹۸۶ A.D., Virginia, U.S.A.. Licensor: Helen – EtterVor (CC BY ۲/۰).

بخش دوم: کثرت گرایی دینی

امروزه در دنیای مسیحیت، جنبشی پدید آمده است که قصد دارد به سرعت همه ادیان جهان را در یک نهاد، در کنار یکدیکر متحد کند. و این جنبش را کثرت گرایی دینی می نامند. البته تعریف کاملی که بر اساس آن، ویژگی‌های مورد اتفاق برای پلورالیسم دینی در نظر بگیریم، وجود ندارد، ولی تفکر ریشه ای این گرایش بر این دلالت دارند که، همه ادیان در ذات یکی هستند. چون عیسی مسیح در همه ادیان وجود دارد، اگر چه او را در ادیان دیگر با نامهای متفاوتی می شناسند اما هویت اصلی او در همه ادیان محفوظ است. بر این اساس، کثرت گرایی دینی به دنبال گفتگوی ادیان، آشتی و وحدت بین آنها است.

طبیعت کثرت گرایی دینی، این است که به آیین بابلیان بازگشت کند. بسیاری از ادیان جهان از جمله اساطیر یونانی، اساطیر رومی، اسلام، آیین هندو، بودا، سیک، زرتشتی، آیین شینتو، آیین کنفوسیوس، تائویسم، شمنیسم، مذاهب محلی، بهائیت و غیره، که بر اساس آیین بابلیان تشکیل شده اند به طور مستقل تا امروز وجود دارند. در حال حاضر، کثرت گرایی دینی یک جنبش برای متحد کردن همه ادیان جهان در یک دین، دین بابلیان، که پایه و اساس همه ادیان جهان بوده است در تلاش است.

این جنبش، پلورالیسم دینی در دهه‌های اخیر با کار جان‌هیک در جهان مسیحی بالا گرفت. ایشان می‌دید که بسیاری از غیر مسیحیها تحت تأثیر ادیان دیگر، انسان‌هایی پاک و بی‌آزار بار آمده‌اند، بنابراین گفت: پس نگوئیم که مسیح خداست و فقط به‌وسیله او می‌توان به بهشت رسید! چرا که اگر قرار باشد تنها گروه مسیحیان به بهشت بروند، پس عمل خیر بقیه چه می‌شود؟

اصطلاح شناخته شده پلورالیسم ماخوذ از فرهنگ غربی است و ابتدا در سنن کلیسایی مطرح بود؛ در مورد شخصی که دارای چند منصب کلیسایی بود اصطلاح پلورالیسم را به کار می‌بردند. اما امروزه در عرصه فرهنگی بدین معنی است که در یک عرصه فکری و مذهبی، عقاید و روش‌های گوناگونی مورد قبول باشد . از همین‌جاها بود که بحث پلورالیسم دینی مطرح شد. بنابراین، مفاد پلورالیسم دینی از آثار و کشفیات عصر جدید است. این

جنبش در حال حاضر توسط کلیسای کاتولیک روم، بزرگترین فرقه های مسیحی (۵۲٪ از تمام مسیحیان در جهان متعلق به این فرقه) و شورای جهانی بزرگترین سازمان مسیحی با داشتن ۵۶۰ میلیون عضو در WCC) کلیساها سراسر جهان)، رهبری می شود.

در نتیجه فعالیتهای این سازمان، امروزه در سرتاسر جهان به کرات دیده میشود که رهبران ادیان مختلف قدم فراتر از محدوده آیینی خود گذاشته و با دیگر ادیان مراسم پرستشی مشترک برگزار می کنند. برای مثال، در کریسمس، برخی از معابد بودایی پوسترهای "کریسمس مبارک" دبده می شود و همچنین از طریق آگهی ها و اعلانات تولد مسیح را جشن می گیرند. علاوه بر این، در روز تولد بودا، برخی از رهبران مسیحی از معابد بودایی بازدید می کنند، و با سخرانی تولد بودا را تبریک می گویند، و دست در دست با جماعت بودایی ذست می دهند. برخی از متکلمان معروف حتی معابد بودایی ساخته، و برخی دیگر از کشیشان حتی متون مقدس بودایی، سوترا را آموزش می دهند. ما حتی می توانیم مشاهده کنیم که پیروان دو یا سه دین مختلف با هم در یک مکان به راحتی مراسم پرستشی دارند و در محراب همه صلیب دیده می شود هم بت های بودایی (عکس ۱۱۹).

پلوراليست دینی، آغاز شده از درون مسیحیت است اما آنها اساسا دنبال یک معنویت غیر مسیحی هستند. آنها جنبش معنوی عصر جدید را به عنوان آن است، بدون بصیرت معنوی. که مهم نیست شرکت در خدمات عبادت ادیان دیگر از آنجا که کثرت گرایی مذهبی به عنوان یک روند بین المللی رخ می دهد، مخالفت با آن معمولا به عنوان نا بهنگام، راه قدیمی از مد افتاده از فکر این روزها گرفته شده است. آنها جنبش عصر جدید را به بدون بصیرت روحانی کلیسا، به عنوان یک جنبش معنوی پذیرفته اند. برای آنها محدودیتی در شرکت در مراسم پرستشی ادیان دیگر وجود ندارد. از آنجا که کثرت گرایی مذهبی به عنوان یک روند بین المللی پذیرفته شده است، مخالفت با آن معمولا بیمورد و تفکر قدیمی که از مد افتاده می دانند.

دلایل تاریخی و کتاب مقدس مبنی بر این که چرا این اتفاق رخ داده است وجود دارد. همانطور که ما پس زمینه ها، فعالیت ها، و نظریه های کثرت گرایی دینی را بررسی می کنیم، باید به وضوح ماهیت واقعی آیین بابلی نوظهور را درک کنیم و خود را برای زمانهای آخر آماده کنیم.

A. جنبش فرهنگی عصر جدید

مانند جنبش عصر جدید، کثرت گرایی دینی هم توجه بین المللی را در اوایل دهه ۱۹۶۰ (میلادی) به دست آورد. اما قبل از به وجود آمدن این ایده، مفهوم بنیادین پلورالیسم دینی در سال ۱۵۰۰ میلادی شکل گرفت. به خصوص، فرانسیس بیکن (۱۵۶۱-۱۶۲۶ میلادی، بریتانیا)، به نام پدر علم جدید و رنه فرانسه) به نام پدر فلسفه مدرن، پایه و اساس AD، دکارت (۱۵۹۶-۱۶۵۰ این ایده را گذاشته شد. روش بیکن یک روش علمی در تاریخ علم است که نخستین بار توسط فرانسیس بیکن فیلسوف فرانسوی پیشنهاد گردید. بیکن در کتاب ارغنون نو (کتاب) که به نحوی در پاسخ به کتاب ارغنون ارسطو ارسطو را رد (A PRIORI: نوشته بود روش قیاسی، یاپیشینی (به انگلیسی A POSTERIORI): کرد و بجای آن روش استقراری یا پسینی (به انگلیسی را ارائه (Experimental Method) را پیشنهاد کرد. بیکن روش های تجربی داد، فرانسیس بیکن معتقد بود که «علم بر انسان و جهان تسلط دارد» و «بر طبیعت نمی‌توان مسلط گشت مگر آنکه از قوانین آن آگاهی یابیم» و در رد اندیشه کلیسا چنین عنوان کرد که «اگر انسان ذهن خود را معطوف به ماده کند در حدود آن کار می‌کند و از حدود ماده تجاوز نمی‌نماید». وی معتقد

بود که ادراک ما از حقیقت تنها در همان حدی است که مشاهدات ما اجازه می‌دهد و «خارج از حیطه مشاهدات» نه تنها نمی‌توانیم چیزی بدانیم، شاید اصولاً شایسته دانستن آن نباشیم. از نظر او ذهن مسئول یافتن روابط در ماده به وسیله مشاهده و تجربه‌است و میان علم و عمل و مشاهده فرقی نیست. راهی که وی برای رسیدن به بصیرت و ادراک بهتر از جهان پیرامون پیشنهاد می‌کند چنین است: «با کسب دانش طبقه‌بندی ماده بر اساس ارزش و اعتبار آن، ذهن خود را از تزویر دور دار» و برای رسیدن به این ادراک باید ذهن را از بت‌هایی که آن را احاطه کرده‌اند رها سازیم. این روش از روش پایه و اساس این عصر خرد و عصر روشنگری شد. این تئوری محور اصلی تحول فکری در قرون وسطی شد تا جایی که او را از بانیان انقلاب علمی می‌شمارند و پایان سلطه کلیسا بر تفکر را که پایه و اساس عصر خرد و روشنفکری رابه اندیشه‌های او (Age of Reason and the Age of Enlightenment) نسبت می‌دهند.

علاوه بر این، رنه دِکارْت ریاضی‌دان و فیلسوف فرانسوی در ظهور خِرَدگرایی یا عقل‌گرایی یا مکتب اصالت عقل همکاری کرد، دکارت در کتاب مشهورِ خویش با نام گفتار در روش (و با زیرعنوان: «درست به کار بردن عقل، و جستجویِ حقیقت در علوم») توضیح می‌دهد که چگونه در بزرگسالی در تمامِ تعالیمِ رسمی و سنتی، اعم از دین و علم تردید کرد و به دنبال آن رفت که بنیاد محکمی برایِ آن همه آموزه‌هایی که همه بدیهی می‌انگاشتند بیابد. وقتی برایِ یک فرض، بنیادِ مطمئنی نمی‌یابیم، می‌توانیم یک مرحله عقب‌تر رفته و در چیزهایی تردید کنیم که آن فرض بر آن‌ها مبتنی است؛ یعنی فرض‌هایِ مرحلهٔ قبلِ آن. اگر این کار را ادامه دهیم به جایی می‌رسیم که این شک پدید می‌آید: «اصلاً آیا من وجود دارم؟» دکارت به همین مرحله رسید. او تلاش کرد وجود خویش را اثبات کند. جملهٔ معروفِ «می‌اندیشم پس هستم» همین تلاش را بیان می‌کند. استدلالِ دقیقِ دکارت به این ترتیب است: شک دارم که وجود دارم یا نه. اما در یک چیز شکی ندارم و آن وجودِ شک است. شک هست پس اندیشه هست. اندیشه هست پس وجودِ اندیشنده هست. بعدها این انتقاد مطرح شد که این استدلال هنوز اثبات نمی‌کند که وجود از آنِ من است. به به خصوص، دکارت "ریاضیات" و "شک" را به عنوان دو روش اصلی برای تفکر منطقی مورد استقاده قرار داد.

دکارت در ابتدا برای دستیابی به معرفت یقینی، از خود پرسید: آیا اصل بنیادینی وجود دارد تا بتوانیم تمام دانش و فلسفه را بر آن بناکنیم و نتوان در آن شک کرد؟ راهی که برای این مقصود به نظر دکارت می‌رسید، این بود که به همه چیز شک کند. او می‌خواست همه چیز را از اول شروع کند و به همین خاطر لازم می‌دانست که در همه دانسته‌های خود (اعم از محسوسات و

معقولات و شنیده‌ها) تجدیدنظر نماید.
بدین ترتیب شک معروف خود را که بعدها به روش شک دکارتی معروف شد آغاز کرد. او این شک را به همه چیز تسری داد؛ تا جایی که در وجود جهان خارج نیز شک کرد و گفت: از کجا معلوم که من در خواب نباشم؟ شاید این‌طور که من حس می‌کنم یا فکر می‌نمایم یا به من گفته‌اند، نباشد و همه این‌ها مانند آنچه در عالم خواب بر من حاضر می‌شود، خیالات محض باشد. اصلاً شاید شیطانِ پلیدی در حال فریب دادن من است و جهان را به این صورت برای من نمایش می‌دهد؟ دکارت به این صورت به همه چیز شک کرد و هیچ پایه مطمئنی را باقی نگذاشت؛ اما سرانجام به اصل تردید ناپذیری که به دنبالش بود، رسید. این اصل این بود که: من می‌توانم در همه چیز شک کنم، اما در این واقعیت که شک می‌کنم، نمی‌توانم تردیدی داشته باشم؛ بنابراین شک کردن من امری است یقینی؛ و از آنجا که شک، یک نحوه از حالات اندیشه و فکر است، پس واقعیت این است که من می‌اندیشم. چون شک می‌کنم، پس فکر دارم و چون می‌اندیشم، پس کسی هستم که می‌اندیشم. بدین ترتیب یک اصل تردید ناپذیر کشف شد که به هیچ وجه نمی‌شد در آن تردید کرد. دکارت این اصل را به این صورت بیان کرد:
می‌اندیشم، پس هستم. (اصل کوژیتو) دکارت به هدف خود رسیده بود و فلسفه‌اش را بر اساس همین اصل بنیادین بنا کرد.

عقل‌گرایی (در قرن ۱۶ و ۱۷) و روشنگری (در قرن ۱۸ و ۱۹) از ۱۶ تا قرن ۱۹ میلادی شکوفایی و پیشرفت زیادی داشت. این ایده های فلسفی تحت تاثیر جان لاک (به انگلیسی: John Locke) ((زاده ۱۶۳۲ - مرگ ۱۷۰۴ که از فیلسوفان سده ۱۷ میلادی انگلستان بود که به طور گسترده به عنوان پدر لیبرالیسم کلاسیک شناخته می‌شود. فرضیه لاک در مورد ذهن معمولاً خاستگاه تصورات امروزی در مورد آگاهی و خود شمرده می‌شود. فرضیه‌ای که در آثار فیلسوفانی چون دیوید هیوم، ژان ژاک روسو و ایمانوئل کانت برجستگی می‌یابد. لاک نخستین فیلسوفی بود که «خود» را از طریق استمرار «هوشیاری» تعریف کرد. او معتقد بود که انسان‌ها چون لوح پاک و دست‌نخورده و تهی از دانش زاده می‌شوند و هیچ دانسته درونی و ذاتی ندارند بلکه هر آن‌چه می‌دانند از راه مشاهده (تجربه) به دست می‌آید. و این تفکر را تا آلمان جریان پیدا کرد، و ایمانوئل کانت (زاده ۲۲ آوریل ۱۷۲۴ - درگذشتهٔ ۱۲ فوریه ۱۸۰۴) کسی که تجربه گرایی و عقل گرایی ابتدایی مدرن را در هم آمیخت و آن را توسعه داد. همچنین هگل (۱۷۷۰-۱۸۳۱ میلادی) و فردریش شلایرماخر (۱۷۶۸-۱۸۳۴ م). در توسع این تفکر نقش به سزایی ایفا کردند.این ایده به شدت الهیات راتحت تاثیر خود قرار داد.

الهی‌دانان تحت تاثیر این ایده، شروع به تجزیه و تحلیل ایده ها و گزارها(منطق)، در خصوص خدا، کتاب مقدس، و مسیحیت از دیدگاه شک و تردید را آغاز کردند. آنها برای اثبات اینکه کتاب مقدس درست است یا نه، کوشش زیادی انجام دادند. آنها روش خدا محور را کنار گذاشته و با روش های انسانی به تجزیه و تحلیل کتاب مقدس پرداختند. به خصوص الهیدانان نسل بعدی، اشلایرماخر (۲۱ نوامبر ۱۷۶۸ – ۱۲ فوریه ۱۸۳۴) فیلسوف و الهی‌دان پروتستان آلمانی و پیشگام هرمنوتیک مدرن و پدر الهیات مدرن پروتستان، آدولف هارنک (۱۸۲۲- ۱۸۸۹) یک الهی‌دان لوتری آلمانی و مورخ برجسته کلیسا، والتر راشنبرش (Walter Rauschenbusch- ۱۸۶۱ - ۱۹۱۸) الهی‌دان مسیحی و کشیش باپتیست، پل تیلیش (۲۰ اوت ۱۸۸۶ – ۲۲ اکتبر ۱۹۶۵) الهی‌دان و فیلسوف آلمانی‌تبار مشهور و بزرگترین متکلم قرن بیستم آمریکا، تاثیر.
زیادی در توسعه و ترویج نقد کتاب مقدس با دیگاه انسانی و بر پایه منصق و اسدلالهای عقلانی کردند.
این جنبش را نقد علمی کتاب مقدس و منتقدان در این جنبش را الهی دانان لیبرال نام نهادند. جان هاروود هیک (۱۹۲۲ - ۹ فوریه ۲۰۱۲ استاد سابق دانشگاه کمبریج، دانشگاه کلرمونت، دانشگاه پرینستون) فیلسوف دین و نظریه پرداز کثرت گرایی دینی یا پلورالیسم برای اولین بار توسط جان هیک از دانشگاه آکسفورد، انگلستان؛ برای اولین بار ابداع شد.

B. نظریه ها و ایده های کثرت گرایی مذهبی

الهیدانان لیبرال اینگونه نتیجه گیری کردند که ایده های سنتی، که خدا شخصأ خود را در تاریخ بشر خود را آشکار کرده است ودر زندگی و اندیشهای انسان به طور مستقیم مداخله داشته است را ایده ای نادرست می دانند. و دلیل این نتیجه گیری از این قرار است، از آنجا که انسان به شباهت خدا آفریده شده است (پیدایش ۱ : ۲۷)، بنابراین خداوند از قبل به انسان فکر و اراده خود را داده است بنابراین لزوما احتیاجی نیست که به این دنیا بیاید و شخصاً درگیر خود را درگیر کند. الهیدانان لیبرال معتقدند از آنجا که قدرت عقل انسان قدرت خدا است، انسان از طریق عقل خود می تواند همه چیز را قضاوت کند و آنچه درست است یا نه را شخصاً مشخص و تعیین کند.
آنها کتاب مقدس را با نگرش "من به آن چیز معتقدم که می توانم درک کنم." تجزیه و تحلیل میکنند. آنها قاطعانه بر این باورند که همه پدیده های مافوق طبیعی گزارش شده در کتاب مقدس را نمی تواند توسط عقل انسان درک کرد و پذیرفت. بنابراین معجزات در کتاب مقدس را از قبیل، "عبور از دریای سرخ،

تولد از باکره، قیام و صعود عیسی را داستانهای ساختگی به منظور توصیف عظمت خدا می دانند.
در این راه، آنها به طور سیستماتیک تمام مضمون کتاب مقدس را مورد تجزیه و تحلیل قرار دادن و ارزشهای مطلق آن را تکذیب کردن. این سیستم از تجزیه و تحلیل یا هرمنوتیک را نفد عقلانی کتاب مقدس. در نهایت، آنها لغزش ناپذیر و مصونیت از خطا بودن کتاب مقدس را رد کرده و ادعا کردند که به جای اعتقاد به معنای لغوی(تحت اللفظی) کتاب مقدس باید کتاب مقدس را از منظر مجازی، تمثیلی، نمادی، طریق مثال گونه، متامورفیسم، و اعتقاد به عالم ارواح تفسیر کرد.
آموزه های پلورالیسم در چنین بستر الهیاتی بنا شده است. به عنوان مثال، پیروان پلورالیسم می گویند، اگر بر اساس در آموزه از پیش تعیینی در کالوینیزیم تنها مسیحیان انتخاب شده اند که نجات یابند این عمل درست نیست و خدا غیر منصفانه عمل کرده است. آنها می گویند خدا، خدای محبت است (اول یوحنا ۴ : ۸) و در همه ادیان در مورد ای محبت خداوند صحبت می شود. بنابراین، آنها ادعا می کنند که خدای مسیحیت و خدایان ادیان دیگر، در واقع، همان خدای محبت است، بنابراین خدای مسیحیان و خدای دیگر دادیان یکی است.
آنها همچنین معتقدند که عیسی کتاب مقدس را می توان در همه ادیان در شخصی که می اید تا آنها را بیشتر درک کند یافت. آنها ادعا می کنند که چنین کیفیت خاصی از شیوه زندگی فروتنانه عیسی مسیح مانند صرفه جویی، شفقت او برای فقرا و بیماران، از خود گذشتگی او در دادن زندگی خود بر روی صلیب و غیره را می تواند به طور معمول در بنیانگذاران ادیان دیگر هم یافت. آنها با این توصیف در مجموع اعتقاد دارند که عیسی مسیح در همه ادیان وجود دار. به علاوه، آنها معتقدند که کسانی که در زندگی روحانیشان شبیه به مسیح بوده است، "کسی که به مسیح شباهت داشته" بدون در نظر گرفتن زمینه های مذهبی خود می باشد.
Raymond Panikkar .این ایده، مفهوم مبهمی از یک مسیحی می دهد ۱۹۱۸ - ۲۰۱۰) الهیدان کلیسای کاتولیک روم که در هندوستان متولد شد.) کتابی نوشت با عنوان مسیح ناشناخته در آیین هندو (۱۹۸۱). در این کتاب، او معتقد است که یک عیسی ناشناخته (مسیح) در آیین هندو وجود دارد، و در نتیجه تمام هندوها مسیحیان ناشناخته هستند. الهیدانانی که که با دیدگاه هم نظر هستند همه غیر مسیحیان را مسیحیان ناشناخته می دانند Panikkar فرقه های لیبرال که به دنبال کثرت گرایی دینی هستند، درمفهوم اصطلاح. میسیون مسیحی اصلاحاتی انجام داده و از تعریف سنتی آن را اینگونه ماموریت خدا) صبق معنای این) Missio Dei تعبیر می کنند، آنها مفهوم

مفهوم، همه غیر مسیحیان در نهایت نجات پیدا خواهند کرد، مسیحیان نباید به ماموریت میسونری به منظور موعظه پیام انجیل و تلاش برای ایمان آوردن غیر مسیحیان بروند چرا که این بی احترامی و اهانت به دیگر ادیان می باشد. در عوض، لیبرال ها ادعا می کنند که مسیحیان باید با جلب رضایت نیازهای فیزیکی و اجتماعی غیر مسیحیان انجام ماموریت کنند. این گونه خدمات احداث یتیم خانه، بیمارستان، مدارس، سازمان های اجتماعی غیر دولتی، جنبش های زیست محیطی سبز، جنبش های اجتماعی مدنی، جنبش صلح جهانی، جنبش های حقوق بشری، جنبش ریشه کن کردن فساد، جنبش اصلاح ساختار اجتماعی، جنبش های برای کاهش شکاف بین ثروتمندان و فقرا، و غیره. آنها ادعا می کنند که مفهوم و هدف واقعی میسیون در آزادی اجتماعی تمرکز دار. و با استناد به کتاب مقدس (متی ۲۵:۳۵؛ یعقوب ۲:۱۷)، آنها ازمسیحیان انجیلی و محافظه کار انتقاد میکنند و آنها را ریا کار میخوانند. کسانی که از نجات بی بهره اند، چرا که آنه به طور فعال در تعریف واقعی میسیون شرکت نمی کنند. این است تعریف آزادی اجتماعی یا الهیات آزادی‌بخش.

به این دلیل که پلورالیست دینی سعی میکند برای جلوگیری از درگیری های دینی، جنگ، و حفظ صلح جهانی بهشتی بر روی زمین بسازد. آنها بر این ایده هستند که موانع ادیان و مذاهب مختلف باید برای بقای نوع بشر درهم شکسته شود. به طوری که آنها بر این باورند که زمانی که همه ادیان جهان در نهایت در یک دین متحد شد، انسانها قادر خواهد بود از بهشت واقعی لذت ببرند. بنابراین، پاسخ نهایی که آنها پیدا کردا اند بازگشت به آیین بابلیان می باشد. کثرت گرایی دینی کاملا در نقطه مقابل مهم ترین اصل و پیام انجیل ومسیحیت قرار دارد. این تفکر نقض کامل این حقیقت است که عیسی مسیح تنها نجات دهنده و خداوند است، به عبارت دیگر، به طور مستقیم در برابر این حقیقت که عیسی تنها راه به بهشت، حقیقت و زندگی است قرار میگیرد (یوحنا ۱۴:۶). بنابراین، همچنین اعتقادی اساسا نادرست و اشتباه است. به عبارت دیگر ، اگر کسی همچنان در این مسیر سلوک کنید، این راه او را به نابودی ابدی (مکاشفه ۲۰:۱۰/۱۵) خواهد کشان.

C. گسترش کثرت گرایی دینی

الهیات آزادی‌بخش یا الهیات لیبرال، الهیاتی ترقی خواه و پیشرفت گرایانه است، و در قرن بیستم بیشتر به واقعیت و عینیت یوست. تجربه رخدادهای تاریخی مهمی از قبیل جنگ جهانی اول (اوت ۱۹۱۴ تا نوامبر ۱۹۱۸)، بحران بزرگ اقتصادی (شروع سال ۱۹۲۹ تا اواخر دهه ۱۹۳۰)، جنگ جهانی

دوم (سپتامبر ۱۹۳۹ تا ۲ سپتامبر ۱۹۴۵)، فرقه های الهیات لیبرال (الهیات آزادی‌بخش) را بر این واداشت که احساس کنند که باید برای اتحاد ائتلافی تشکیل دهند.در نتیجه جنبش هایی توسط انها شکل گرفت مانند، جنبش جهانی کلیسا (Ecumenical Movement or the World Church Movemen)، این یک جنبش پلورالیست دینی بود که با شکستن موانع بین سنتهای کلیساها، فرقه های کلیسایی ، ملیتها، نژادها، فرهنگ و حتی ادیان بدنبال اتحاد در مسیح بود.

پس از کنفرانس های بین المللی بسیار، شورای جهانی کلیساها (WCC) یک سازمان پیشرو درحمایت از کثرت WCC .در سال ۱۹۴۸. راه اندازی شد گرایی دینی است که تحت حمایت کلیسای کاتولیک روم قرار دارد. این سازمان از کثرت گرایی دینی با استفاده از نفوذ خود از طریق رویداهایی مانند روز جهانی دعا برای صلح جهانی، گفت و گو بین ادیان، و غیره .. حمایت میکند.و چگونگی توسعه و گسترش این تفکر را بررسی می کند. مسیحیان، امروزه برای تشخیص طبیعت این جنبش، باید بصیرت روحانی خود را ارتقا دهند.

شورای جهانی کلیساها . ۱

در سال ۱۹۴۸، نمایندگان ۱۴۷ کلیساها و فرقه های لیبرال در آمستردام، هلند را تشکیل دادند. بسیاری از (WCC) جمع شده، و شورای جهانی کلیساها فرقه های سنتی، به نمایندگی از جهان مسیحیت، متعلق به این شورا هستند، و عضویت در این شورا به تدریج رو به افزایش است . در مجموع، ۳۴۹ کلیساها و فرقه که نمایندگی ۵۶۰ میلیون نفر داراست در حال حاضر به این سازمان تعلق دارد. اگرچه کلیسای کاتولیک روم عضو کامل در این سازمان نیست، ولی به عنوان یک عضو وابسته این جنبش را حمایت می کند.

جنبش جهانی صلح، جنبش حقوق بشر، جنبش ،WCC امروزه منافع عمده ضد فساد، جنبش برای کاهش شکاف بین فقیر و غنی، جنبش سبز و غیره، که که متمرکز بر رستگاری اجتماعی (Missio Dei) بارتابی از ماموریت خدا در گفت و گو بین ادیان بر اساس الهیات کثرت گرایی دینی WCC .می باشد متمرکزاست. این سازمان هر ۶ تا ۸ برای وحدت ادیان جهان به بهانه دیالوگ بین ادیان جلساتی برگزار می کند.

به عنوان زیر می باشد: مجلس اول در آمستردام، هلند WCC تاریخ جلسات و جو در زمان (۱۹۵۴)، سوم، در دهلی USA ،(۱۹۴۸)، دوم، در اوانستون نو، هند (۱۹۶۱)، چهارم، در اوپسالا، سوئد (۱۹۶۸)، پنجم، در نایروبی، کنیا (۱۹۷۵)، ششم، در ونکوور، کانادا (۱۹۸۳)، هفتم، در کانبرا، استرالیا (۱۹۹۱)، هشتم، در حراره، زیمباوه (۱۹۹۸)، نهم، در پورتو آلگره برزیل (۲۰۰۶)، و دهم،

در بوسان، کره جنوبی (۲۰۱۳).
در میان این جلسات، به ویژه در جلسه سوم دهلی نو، هند، در سال ۱۹۶۱که برگزار شد، بحث بین ادیان شیوه ای ملموس و غیرانتزاعی به خود گرفت. جلسه با صدور بیانیه ای، گفت: "همانطور که ما این واقعیت را باور داریم که مسیح از طریق ما با آنها صحبت می کند (غیر مسیحیان)، و همچنین از طریق آنها به ما، بنابراین ما باید با آنها درباره مسیح صحبت کنیم و آنها ..رسما اعلان کردن که روح القدس در دیگر ادیان هم در حال کار کردن است الهیدان هندی را به عنوان Stanley Samartha در سال ۱۹۶۸، سازمان منصوب کرد. دست در دست با WCC رئیس گروه گفتگوی بین ادیان در کلیسای کاتولیک روم اقدام به گفتگوی بین ادیان کردند، و هر دو طرف ملزم به تصدیق آن شدند.. در همین حال، از طریق بیانیه بر صادره در تاریخ ۱۵ ژانویه ۱۹۹۰ (شهر بر در ایالت زوگ در کشور سوئیس واقع شده‌است که ۱۹٬۷۰۰ نفر جمعیت دارد.)، WCC هدفی رسما کثرت گرایی دینی را تایید کرد. هدفی که آنها دنبال می کردند، برای اولین بار به یک روش رسمی و قابل مشاهده رسیدن برای اتحاد و جهانی شدن ادیان بود، حتی اگر ادیان اساسا متفاوت از یکدیگر باشند.
بر صلح جهانی و گفتگوی ادیان بود، و آن را به طور فزاینده WCC تمرکز به تعریف WCC.ای به سمت یک دیدگاه انسان محور مسیحی سوق داد تمام پدیده های اجتماعی شر مانند جنگ، قحطی، سلاح های کشتار جمعی، تبعیض علیه زنان، همجنس گرایان و معلول، فاصله بین و تبعیض نژادی فقیر و غنی، نقض حقوق بشر، آلودگی محیط زیست، و غیره . که به خطر افتادن صلح جهان به عنوان کار از ارواح شیطانی به این گونه پرداخت که آنها و به همان میزان برای صلح جهانی خطرناک هستند که ارواح شیطانی WCC برای صلح جهانی خطرناک هستند. در نتیجه، ادعای برخی از پیروان اشتباه بود که می گفتن که حتی پرستش ارواح و بت را می تواند کار روح القدس وحسوب کرد، چگونه چنین ادیانی با تمرینات بت پرستی و پرستش ارواح تاریکی خود می توانند برای جامعه مطلوب با شند.
استرالیا، چانگ ،(Canberra) کانبرا WCC به عنوان مثال، در جلسه هفتم یک الهیات فمینیست کره ای، یک ،(Chung Hyun-kyung) هیون کیونگ مراسم کره ای شمن ها ست که شامل -kut 굿) مراسم جادویی کوت ارائه قربانی به خدایان و عبادت اجداد میباشد) انجام شده است. چانگ، در سخنرانی خود با عنوان "بیا، روح القدس، جهان را نو ساز،" یک مراسم شمنیسم (جادوپزشکی) روح القدوس را دعوت کرد تا روان وروح های بی تقصیر قربانی شده را دوباره احیا کند. را . همانطور که ما نقل قول کردیم، می بینیم که چانگ با روح عیسی همان معامله و رفتار را می کند با ارواح آب

و هوا، این نشان می دهد که او به طور کامل از لحاظ معنوی نادان و رفتار او کاملا با کتابمقدس مغایرت دارد.
بیا. روح هاجر، مصر، زن برده سیاه و سفید بهره برداری و توسط ابراهیم" و سارا، اجداد ایمان ما را رها کرد. بیا. روح اوریا، سرباز وفادار توسط شاه بزرگ دیوید از حرص و طمع پادشاه برای همسر خود، بتشبع فرستاده و در میدان جنگ کشته شدند. بیا. روح نوزادان مرد پس از تولد عیسی کشته شده توسط سربازان پادشاه هیرودیس. بیا. روح ژاندارک، و از بسیاری از زنان دیگر به آتش کشیده در دادگاه های جادوگر - در سراسر دوران قرون وسطی است. بیا. روح از افرادی که در طول جنگ های صلیبی درگذشت. بیا. روح مردم بومی از زمین، قربانیان نسل کشی در زمان استعمار و دوره ماموریت بزرگ مسیحی به کافر جهان است. بیا. روح مردم یهودی در اتاق های گاز در طول هولوکاست کشته شدند. بیا. روح مردم در هیروشیما و ناکازاکی توسط بمب اتمی را کشته است. بیا. روح زمین، هوا و آب، مورد تجاوز قرار گرفته، شکنجه و سوء استفاده توسط حرص و طمع انسان برای پول است. بیا. روح سربازان، و موجودات دریایی در حال حاضر در جنگ خونین در خلیج فارس در حال مرگ. بیا. روح از ازاد، برادر ما عیسی، شکنجه و کشته بر روی صلیب" (Marlin Van Elderen. Introducing the World Council of Churches Geneva : World Council of Churches, ۱۹۹۰).
مراسم شمنیسم (جادوپزشکی) چانگ البته به شدت مورد انتقاد مسیحیان قرار گرفت. با این حال، گروه پیشتاز WCC انجیلی و همچنین فرقه های از هنوز هم این ایده و دیدگاه اشتباه را در دستور کار خود دارند. این WCC رویداد یک مثال است که نشانگر فردی است که کثرت گرایی دینی را می پذیرد و مناسک آن را اجرا می کند که در نهایت باعث تخریب روحانی شخص می شود.

۲. واتیکان دوم

بیشترین حرکت منتقدانه که برای توسعه بین المللی کثرت گرایی دینی در واتیکان دوم که از سال ۱۹۶۲ تا سال ۱۹۶۵ رخ داد. این شورا توسط پاپ ژان بیست و سوم برنامه ریزی شده بود، اما او قبل از برگزاری جلسه فوت کرد. بنابراین پاپ پل ششم آن را به پایان رساند. حدوداً ۲۵۴۰ کاردینالها، اسقف اعظم، اسقف ها، کشیش و الهیدان در هر سال در این شورای شرکت می کردند. موضوعاتی که در طول این سه سال در این شورا مورد بحث قرار می گرفت کلیسای جهانی و روابط کلیسا با دیگر ادیان بود.
یکی از بیانه هایی که در این شورا صادر شد "بیانیه در رابطه کلیسا و ادیان

غیر مسیحی" بود. با این کار، کلیسای کاتولیک روم رسما کثرت گرایی دینی را در آغوش گرفت. در این بیانیه اعلام کرد که پیروان آیین هندو، بودا، اسلام، یهودیت و دیگر ادیان برادران و خواهران ما در خدا هستند. این اعلامیه شامل مفاد زیر بود :
کلیسای کاتولیک چیزی را که درست و مقدس است در آن ادیان رد نمیکند." او (کلیسا) با احترام صادقانه در مورد این راه از رفتار و زندگی (ادیان دیگر)، کسانی که احکام و تعالیم آن را، هر چند متفاوت در بسیاری از جنبه های از(کلیسا) و مجموعه های آن را نگه می دارد، با این وجود، اغلب منعکس " کننده نور از آن حقیقت که روشن است برای همه انسانها.
در این تفکر، پیروان همه ادیان در نهایت به حقیقت، که همان عیسی مسیح باشد ختم می شود. کثرت گرایان دینی خارج از حقیقت کتاب مقدس، توسط استدلال های انسانی («اصول منطقی» حاصل از «اندیشیدن» و «تفکر عقلانی») فریفته شده اند و در نتیجه آنها منکر حقیقت مرکزی مسیحیت عسیی مسیح تنها نجت دهنده و خداوند شده اند.

۳. روز جهانی دعا برای صلح

پس از دوم واتیکان، دنیای مسیحیت به طور قابل توجهی تغییر کرد. ویروس الهیات کثرت گرایی دینی شروع به آلوده کردن کل جهان مسیحی شد. دست در دست با کلیسای کاتولیک روم به طور خیلی فعالانه WCC سازمان برای صلح جهانی دیالوگ بین ادیان را شروع کردند.
به عنوان بخشی از پروژه، اولین روز جهانی دعا برای صلح در کلیسای سنت مری از فرشتگان، ایتالیا، در ۲۷ اکتبر ۱۹۸۶ (عکس ۱۲۰) برگزار شد. در این جلسه دعا، دالایی لاما، که رهبر بودیسم تبتی، اسقف اعظم کانتربری، که رهبر کلیسای انگلیکان، اسقف اعظم کلیسای ارتدکس یونانی و دیگران حضور داشتدن برای صلح جهانی دعا و روزه گرفتن. این صحنه، توسط رسانه های جمعی بین المللی گزارش شد و توسط آنها مورد استقبال و تمجید فرار گرفت - وبا پخش این خبردر در رسانه های عمومی این نوید و امید را به مردم جهان دادند که صلح جهانی بزودی می آید. به این ترتیب جنبش کثرت گرایی مذهبی به تدریج قدرت به دست آورد.
شانزده سال پس از اولین روز جهانی دعا برای صلح، دومین روز جهانی دعا برای صلح دوباره در همان محل در مقیاس بزرگتر صورت گرفت. حضور هفده نمایندگانی از ارتدوکس کلیساها (ارتدوکس شرقی، شرقی ارتدوکس، آشوری ارتدوکس، ارتدکس روسیه، مصر ارتدکس قبطی، اتیوپی ارتدوکس، و غیره)، چهارده نمایندگان کلیساها کلیسای آنگلیکان و پروتستان، سی از

اسلام، ده خاخام از یهودیت وجود دارد، به عنوان همچنین رهبران از بودیسم، تنریکیو، آیین شینتو، بهائیت، جین، سیک، هندو، زرتشتی، آیین کنفوسیوس و ادیان سنتی محلی آفریقایی.
و دعا (interfaith movement) بعد از این جلسه دعا، جنبش بین ادیانی برای صلح جهانی به طور فعال تری در سراسر جهان انجام گرفت. به تازگی، در اکتبر ۲۷، ۲۰۱۱، یک رویداد بزرگ در همان مکان، آسیسی، ایتالیا، به مناسبت ۲۵ سالگرد صلح جهانی روی داد. . حمایت شده توسط پاپ بندیکت شانزدهم، رهبران بلند پایه از ادیان جهان (حدود پنجاه کشور). در این روز آنها برای خدایان و ارواحی کهه می پرستیدند روزه و دعا گرفتن.
شرکت کنندگان در این نشست، اسقف اعظم روآن ویلیامز از کلیسای آنگلیکان، بزرگ خاندان عام بارتولومیو یکم از کلیسای ارتدکس یونانی، یک نماینده از کلیسای ارتدوکس روسیه همراه با ۸ کشیش محلی، یک کاردینال از کلیسای ارتدوکس قبرس، یک کاردینال از ارتدکس قبطی کلیسا، یک نماینده ،(از کلیسای لوتری، دیوید روزن (مشاور امور ادیان،خاخام بزرگ اسرائیل نمایندگان کلیسای ارتدوکس ،WCC دبیر کل سازمان (Olav Fykse Tveit دبیر) Setri Nyomi ،(روسیه، دبیر کل کنفرانس بین المللی مذاهب اسلامی کل اتحادیه جهانی اصلاح کلیساها، رئیس انجمن تائو از هنگ کنگ، رئیس انجمن کنفوسیوسی از کره جنوبی، دو نماینده شینتو از ژاپن، چهل و هشت نماینده مسلمان، نمایندگان ادیان محلی از آفریقا، آمریکا، و آسیا، پنج نماینده هندو، سه نماینده از آیین جین ، پنج نماینده سیک، یک نماینده از آیین زرتشتی، یک نماینده از بهائیت، شصت و هفت نماینده از بودیسم از یازده کشور بودایی ، پنج خدا ناباور و غیره. همه شرکت کنندگان توافق کردند که این گونه جلسات دعا در آینده بطور مداوم ادامه برگزار شود.
این افراد ظاهراً بشر دوست به نطر میآیند، با قلبی که دوستدار بشریت است.
و به همین دلیل، اکثر انسانها از این جنبش جانبداری می کنند. عیسی خداوند پیشگویی کرده بود که در زمانهای آخر کسانی حواهند بود که فرزندان خداوند را فریفته و میگویند عیسی اینجاست یا عیسی اونجاست (متی ۲۴:۲۳/۲۷). در واقع این اتفاقات در همین عصر، عصر ما در حال اتفاق است.

عکس. ۱۲۰. اولین روز جهانی دعا برای صلح
(رهبران ده ادیان جهان دعوت شده بودند)
رهبران مذهبی جهان با هم در مقابل یک دیوار که در آن کلمه "صلح" در زبان های مختلف نوشته شده است نشسته اند. (از سمت چپ) رابرت **Runcie**، رهبر اسقف اعظم کانتربری، اسقف اعظم تیاتیر، بریتانیا، رهبرکلیسای **Methodios Fouyas**، کلیسای آنجلیکا ارتدکس یونان، پاپ ژان پل دوم رهبر کاتولیک رومی، و دالایی لاما رهبر بودیسم تبتی

Oct. ۱۹۸۶ ,۲۷, Assisi, Italy; REUTER, Lucian Mellace.

گفتگوی بین ادیان . ۴

هنگامی که واتیکان مرکز کلیسای کاتولیک روم، روز جهانی دعا برای صلح را تشکیل داد، در همان زمان کلیسا به منظور آشتی با دو دین اصلی یهودیت و اسلام با رهبران آیم دو دین به گفتگو پرداخت. ادیانی که در رابطه خو با آنها مشکلاتی داشت. در سال ۱۹۸۶، در تلاش برای تجدید رابطه با یهودیان، پاپ ژان پل دوم از کلیسای کاتولیک روم برای اولین بار در تاریخ به کنیسه یهودیان رفت پیام آشتی را در آنجا موعظه کرد.

در راستای این تصمیم، در نهایت پاپ در ماه مارس ۲۰۰۰، از اسرائیل ملاقات کرد. و از محل یادبود هولوکاست بازدید کرده و رسماً این نسل کشی را محکوم کرد و جایگاه کلیسای کاتولیک را در این را به اطلاع عموم رساند و پس از آن، در کنار دیوار ندبه در اورشلیم اینگونه دعا کرد: باشد که، گناهان کلیسای کاتولیک علیه یهودیان در ۱و ۵۰۰ سال گذشته مورد بخشش قرار گیرد، مخصوصاً گناهان این کلیسا در طی دوران جنگ های صلیبی بین سال‌های ۱۰۹۵ تا ۱۲۹۱(۱۹۶ سال) در حق یهودیان. ما صمیمانه آرزو داریم "که رابطه برادرانه با یهودیان داشته باشیم.

پاپ ژان پل دوم با نام کارل جوزف وتیولا آشتن با مسلمانان را نیز موجب شد. او در سال ۱۹۹۵ مراکش، که کشوری مسلمان در شمال آفریقا است را بازدید کرد، و برای مسلمانان آن کشور اینگونه موعظه کرد، "از آنجایی که ما به خدایی واحد باور داریم، ما یکی هستیم." همچنین او اولین پاپ کاتولیک بود که در ۶ مه ۲۰۰۱ وارد مسجدی در دمشق شد و در آن به نیایش پرداخت.

کلیسای کاتولیک روم همانطور که در شورای دوم واتیکان اعلان کرد، قصد دارد بر اساس الهیات کثرت گرایی دینی ادیان جهان در یک نهاد متحد کند، به امید بدست آورد مدینه فاضله در این دنیا، بر این شدند که با همکاری با فعالانه تلاش کنند (WCC) شورای جهانی کلیساها.

در به رسمیت شناختن نقش پاپ ژان پل دوم از کلیسای کاتولیک روم برای صلح جهانی، بسیاری از رهبران پلند پایه جهان، از جمله نه شاه و شاهزاده، سی و هشت رئیس جمهور، سه معاون رئیس جمهوری، هفده نخست وزیر، ده وزیر خارجه، شش وزیر کابینه، دبیر کل اتحادیه عرب، دبیرکل سازمان ملل متحد، خاخام اعظم یهودی، کاردینال کلیسای انگلیکان، اسقف کلیسای یونان، اسقف کلیسای روسیه، اسقف کلیسای اتیوپی، نمایندگان آیین هندو، بودا و اسلام و غیره ، در مراسم تشییع جنازه او در آوریل ۲۰۰۵ حضور به عمل رساندن این نشان میدهد که چگونه کثرت گرایی دینی در جهان محبوبیت کسب کرده است. در حال حاضر محبوبیت آن فراتر از سیاست، اقتصاد، فرهنگ، مذهب و نژاد رفته است. این به سادگی نشان می دهد که چگونه مردم به راحتی در جهان توسط کثرت گرایی دینی فریب داده می شوند.

جانشین پاپ ژان پل دوم، پاپ بندیکت شانزدهم با نام اصلی یوزف آلویس راتسینگر، هدف پاپ اسبق خود را تایید و دنبال کرد. او از مسجد سلطان احمد که در شهر استانبول، ترکیه واقع شده‌است در ۲۰ تا ۳۰ نوامبر ۲۰۰۶ دیدن به عمل آورد و بر مشارکت روحانی بین این دو دین تاکید کرد. چنین فعالیت های فرقه لیبرال کاملا در مقابل تضاد با تعالیم عیسی مسیح است. عیسی تنها راه نجات است. فقط عیسی مسیح زندگی و امید واقعی است. مسیحیان نباید صلح سکولار در جهان را دنبال کنند. در عوض، به منظور کمک به مردم برای دریافت نجات و زندگی ابدی باید به خداوند عیسی مسیح که تنها راه از زندگی است، موعظه کنند. این مأموریت بزرگی است که توسط خداوند عیسی به مسیحیان داده شده است (متی ۲۸:۱۹ - اعمال ۱:۱۸).

گروههای لیبرال، از جمله کلیسای کاتولیک روم، این فرمان را نادیده گرفته اند وبر دست یابی به صلح جهانی به فعالیت های ضد مسیحی ادامه داده اند. بر خلاف استدلال آنها، عیسی پیشگویی کرد که در این جهان رنج و زحمت خواهد بود و صلح پایداری برقرار نخواهد شد، در پایان بار (متی ۲۴:۶/۱۳). عیسی مسیح پیشگویی کرده بود که درست قبل ار امدن بازگشت ثانوی او که قریب الوقوع و حتمی می باشد، پدیده های اجتماعی و طبیعی جنگ، قحطی و زلزله، درد و رنج مسیحیان آزار و اذیت آنها توسط این جهان رخ خواهد داد.

در سال های آینده، جنبش عام جهانی وحدت بین ادیان و جنبش صلح. جهانی به رهبری واتیکان بیشتر تقویت خواهد شد.آنها به سرعت پیام های دروغین و منفور پخش خواهند کرد. آنها حامی صلحی هستند که بر پایه دیدگاه انسانی طراحی شده است، صلحی که به نابودی ابدی ختم می شود. و درست همانطور که پیش بینی شده است دژ بابل بزرگ فقط در یک ساعت ویران خواهد شد (مکاشفه ۱۸:۱۰)، ما مسیحیان باید هوشیار باشیم که فریب دروغ آنها را نخوریم.

عکس. ۱۲۱. بهائی عبادتگاه
بهائیت دینی است که میرزا حسین‌علی نوری ملقب به بهاءالله در قرن ۱۹ میلادی در ایران بنیان گذاشت. بهائیان معتقدند که بهاءالله (۱۸۱۷–۱۸۹۲) جدیدترین فرستاده الهی در سلسله پیامبران پیشین چون ابراهیم، موسی و بودا و زردشت و مسیح و محمد است. بهاءالله در سال ۱۸۶۳ این دین جدید را اظهار کرد. یکی از اعتقادات دین بهائی، وحدت اساس ادیان است بدین صورت که اساس ادیان الهی یکی است و همگی در اساس مشترک می‌باشند.
معبد (Bahá'í Houses of Worship) مشرق‌الاذکار آیین بهائی یا مشرق الاذکار بهائیان در منطقه ویلمت از شهر شیکاگو در ایلینوی در نزدیکی دریاچه میشیگان است، بر روی ستون این معبد،اشکالی کنده کاری شده از) صلیب مسیحیت، ستاره داوود یهودیت، صلیب شکسته از بودیسم و هندوئیسم شده است (卍

Wilmette, Illinois, U.S.A.. Licensor: Sean Benham – spablab (CC BY ۲/۰).

D. واکنش فرقه های مختلف پروتستان:
(WEA) ائتلاف جهانی کلیساهای انجیلی

در قرن ۱۹ میلادی کلیسای انجیلی برای مقابله با نفوذ لیبرالیسم تصمیم تاریخی اتخاذ کرد. در سال ۱۸۴۶، برای اولین بار، رهبران انجیلی در لندن را به منظور جلوگیری از (EA) جمع شدند، آنها سازمان کیساهای انجیلی نفوذ لیبرالیسم که روز به روز بر نفوذ و قدرتش افزوده می شد را تاسیس کردند. پس از آن، جلسات متعددی به منظور پیش گیریهای متقابل برگزار شد. (WEA) کردند که نتیجه آن تاسیس ائتلاف جهانی کلیساهای انجیلی این سازمان به تدریج در کشورهای دیگر مانند کانادا (۱۸۴۶) در سوئد و آلمان (۱۸۴۷)، هند (۱۸۴۹)، ترکیه (۱۸۵۵)، ایالات متحده آمریکا (۱۸۶۷)، و غیره هم دفاتر و شعباتی را راه اندازی کرد...

هر چهار سال یکبار کنفرانس بین المللی برگزار می کند. کنفرانس لندن EA (۱۸۵۱)، پاریس (۱۸۵۵)، برلین (۱۸۵۷)، ژنو (۱۸۶۱)، آمستردام (۱۸۶۷)، نیویورک (۱۸۷۳)، بازل (۱۸۷۹)، کپنهاگ (۱۸۸۴)، فلورانس (۱۸۹۱)، و دوباره در لندن (۱۸۹۶، ۱۹۰۷ و ۱۹۱۲). کنفرانس لندن در سال ۱۹۱۲ آخرین کنفرانس بود چرا که وقوع جنگ جهانی اول (۱۹۱۴-۱۹۱۷) آنها را مجبور به قطع کنفرانس های بین المللی کرد. سپس، با وقوع جنگ جهانی دوم (۱۹۳۷-مسیر مستقبل و EA ۱۹۴۵) که فروفشردگی روحانی را تسریع کرده بود، و پیش آینده خود را از دست داده بود.

در سال ۱۹۴۸ تاسیس شد، برای WCC بعدها، زمانی که گروه های لیبرال پاسخ به تفکر لیبرال، اتحاد بین کلیساهای انجیلی، در الویت و فوریت قرار گرفت. . آنها موضوع نیاز به تجدید قوای بشارتی ارا در صدر اقداماتشان قرار دادند. و نهایتاً در سال ۱۹۵۱، نود و نماینده از کلیساهای انجیلی که به نمایندگی بیست و یک کشور بودند در هلند گرد هم آمدند و انجمن را پایه گذاری کردند. بیشتر رهبران از انگلستان بودند (WEF) جهانی انجیلی (مانند John R.W. Stott, Jack Dain)، ایالات متحده آمریکا (مانند Elwin Wright, Clyde Taylor, Waldron Scott) و کانادا (مانند Dennis Clark) John. این رهبران نقش محوری را در این انجمن را دست گرفتن از انگلستان پیش نویس "هدف اصلی" را که، الف) Jac Dain و Stott پیشبرد انجیل (اطاعت از ماوریت بزرگ خداوند عیسی)، ب) دفاع و تایید انجیل (جلوگیری از تحریف حقیقت انجیل)، ج) مشارکت در هزینه ها و برناهه های بشارتی.

در سال ۱۹۵۱، کلیساهای پروتستان در ایالات WEF نه سال قبل از تشکیل متحده با یک موج قوی لیبرالیسم مواجه شده بودند. به طوری که آنها در سال

را تشکیل دادن . این انجمن (NAE) ۱۹۴۲ انجمن مرکزی کلیساهای انجیلی نقش مهمی ایفا کردن، آنها با بررسی چگونگی نفوذ لیبرال که منشاء (NAE) آن از اروپا شروع شده بود، شروع به دعوت از گروه های انجیلی کرده و سعی رهبران بسیاری را عرضه NAE در متحد کردن آنها کردند. در نتیجه عملکرد که در سال ۱۹۵۱تاسیس کردن. تولید در حال WEF کرد که بعداً آن رهبران .حاضر ایالات متحده نیروی محرکه در جنبش انجیلی جهان محسوب می شود

آنچنان مهم و هنگفت به WCC در مقایسه با WEF اما در واقع، نفوذ نظر نمی آید، و دلیلش این بود که هر یک از این گروه های انجیلی آموزه های متمایزی از همدیگر را داشتند و اتحاد بین آنها خیلی دشوار بود و همچنین به دلیل فساد های کلیسای بریتانیا و آلمان جلوگیری از موج لیبرالیسم برای این انجمن ممکن نبود.

(WEA) نام خود را به ائتلاف جهانی انجیلی WEF ،در سال ۱۹۸۲ David) تغییر داد. پس از آن، رهبرانی از ایالات متحده مانند دیوید هاوارد به عنوان مدیران بین المللی (Gary Edmonds) و گری ادموندز (Howard این انجمن انتخاب شدند.

فیلیپین) از سال ۱۹۹۲ تا سال ۲۰۰۱ به عنوان) Jun Vencer ،پس از آن Geoff Tunicliffe مدیر بین المللی منتجب شد. و بعد از او در سال ۲۰۱۲ کانادایی برای این سمت انتخاب شد. تخمین زده می شود گه حدوداً ۴۶۰ میلیون مسیحی که اعضای ۱۰۰ شاخه کلیسایی و سازمانهای میسیونری از ۱۲۸ کشور باشند در این انجمن عضویت دارن.

WCC ابطور قابل توجهی ضعیف تر از WEA نفوذ سیاسی و اقتصادی است. یکی از دلایل این است که بسیاری از فرقه های پیشرو سنتی در جهان (کلیسای ارتدکس شرقی، اکثر فرقه های کلیسای لوتری، بیشتر فرقه های کلیسای متدیست، بیشتر فرقه های کلیسای پروتستان، بیشتر فرقه از کلیسای بودند، و کلیسای کاتولیک ۵۲٪ از مسیحیان WCC باپتیست، و غیره) اعضای .متحد غیر فعال می باشد WCC در جهان را در خود دارد با.

این مهم است که گروه های انجیلی به منظور مقابله با رشد و نفوذ فرقه های لیبرال و کثرت گرایان دینی که هر روزه قوی تر شده و نفوذ بیشتری پیدا می کنند وارد عمل شوند . ما مسیحیان باید درک کاملی از ماهیت خطرناک کثرت گرایی دینی داشته باشیم، با کلام خدا مجهز شده، و نهایت تلاش خود را بکنیم که پیام نجات بخش انجیل را به همه قومها برسانیم.

IV . ظهور و سقوط آیین بابلیان

نظر به اینکه خداوند نقشه بزرگ نجات را در پیدایش ۳:۱۵ طرح ریزی کرده بود. دنیا به دو به دو قسمت تقسیم شده است، و این رویداد تا به امرئز ادامه دارد. فرزندان خداوند و فرزندان شیطان (اول یوحنا ۳:۱۰) و جنگ روحانی تا انقضای این جهان ا دامه خواهد داشت.
دین شیطان با آیین بابلیان آغاز شد. از این آیین، ادیان بسیاری زلده شد و تاثیر زیادی در همه جهات روی زندگی انسانها گذاشت و ردپای آن را در جنبش عصر جدید و نظریه‌ای پلورالیسم (کثرت گرایی) می توانیم مشاهده کنیم. مخصوصاً کثرت گرایی دینی آخرین چهره آیین بابلیان در عصر حاضر است. خداوند عیسی در ۲۰۰۰ سال پیش، این را پیشگویی کرده فرمود، "در آن زمان اگر کسی به شما بگوید 'نگاه کن! مسیح اینجا یا آنجاست' آن را باور نکنید. زیرا اشخاص بسیاری (رهبرانی که عقاید عصر جدید را تعلیم می دهند) پیدا خواهند شد که به دروغ ادّعا می‌کنند، مسیح یا نبی هستند و نشانه‌ها و عجایب بزرگی انجام خواهند داد (نفوذ و تاثیر آنها فوق العاده خواهد بود) به طوری که اگر ممکن بود، حتّی برگزیدگان خدا را هم گمراه می‌کردند." مسیح به ما از این با خبر ساخت که کثرت گرایی دینی درست قبل از بازگشت ثانوی اش پدیدار خواهد شد. و حتی برخی از مسیحیان، کسانی که برگزیده شده اند تا نجات یابند و زندگی جاودان داشته باشند. آنهایی که در زندگی برپایه ایمان هدایت می شوند اگر ممکن باشد وسوسه شده گمراه خواهند گشت.
عیسی خداوند در کتاب مکاشفه به یوحنای رسول مکشوف کرد که درست قبل از بازگشت ثانوی اش کثرت گرایی دینی پدیدار خواهد شد. " و ناگهان اسب سفیدی دیدم که سوار آن کمانی به دست داشت و تاجی به او داده شد و او پیروزمندانه عازم فتح و ظفر شد" (مکاشفه ۶:۲) اسب سفید در اصل اسبی است که خداوند عیسی، شاه پادشاهان، به هنگام بازگشت بر آن سوار می شود (مکاشفه ۱۹:۱۱). این پیشگویی داللت بر این دارد که خداوند عیسی سوار بر اسب سفید مانند شاهی مقتدر می آید و تاثیر عظیمی بر این جهان خواهد گذاشت و بسیاری از فرزندان خدا را هوشیار کرده آنها را احیا میکند.

با توجه به این پیشگویی، پس از اصلاحات نهضت پروتستان (۱۵۱۷ م)، کثرت گرایی مذهبی تحت تاثیر روشنگری (قرون ۱۶تا ۱۷) و خردگرایی یا مکتب اصالت عقل (قرون ۱۸ و ۱۹) در مسیحیت شروع به تاثیر گذاری کرد. شکل کثرت گرایی مذهبی به نظر می رسد در ظاهر به مسیحی آن را به عنوان در درون مسیحیت پدید آمده است. اما ماهیت واقعی خود را یک دین شیطانی است که پذیرای معنویت بابلی دین آن را به عنوان است. علاوه بر این، آن را رقیق انجیل عیسی خداوند در داخل مسیحیت، مخلوط کردن آن با نتیجه سایر ادیان و آن را عقلانی جذاب است. به همین دلیل است کثرت گرایی مذهبی است تاثیر بیشتری و قدرت تخریبی از هر چیز دیگری، که مجزا امروزه بیش از هر زمان در ۲،۰۰۰ سال از تاریخ مسیحیت نشان داده شده است. کثرت گرایی دینی به دلیل اینکه از کلیسا آغاز شده بود پدیده ای مسیحی به نظر می رسید. اما ماهیت واقعی اش، دین شیطانی لست که پذیرای معنویت آیین بابلی را در خود دارد. همچنین با تغییر انجیل عیسی خداوند و مخلوط کردن ایمان مسیحی با عقاید و باورها دیگر ادیان و مکتب ها شیطانی، آنها در تلاش بودند تا مسیحیت را از نظرعقلانی، جذاب نشان بدهند. به همین دلیل است که کثرت گرایی دینی، بیشتر از هر مکتب آیینی و فلسفی، از تاثیر بیشتر و قدرت تخریبی بیشتری برخوردار است. این جنبش در عصر حاضر بیش از هر زمانی در تاریخ ۲۰۰۰ ساله کلیسا خود را نمایان کرده و دارای نفوذ شده است.

در باب ۱۷ و ۱۸ کتاب مکاشفه، کثرت گرایی دینی "فاحشه بزرگ"، "بابل بزرگ" و "مادر فواحش نامیده می شود." و این نیز پیشگویی کرد که این جنبش در پایان هفت سال مصیبت عظیم به طور ناگهانی ضعیف شده و در نهایت نابود خواهد شد، درست قبل از اینکه خداوندمان عیسی مسیح پا بر روی زمین بگذارد (مکاشفه ۱۸:۱۰).

آیین بابلی در تولد تمام ادیان جهان تا به امروز حکم مادر را داشته است. و در روزهای آخر، تمام ادیان جهان را در یک دین با هم تلاقی می کند. و آن نقطه متقارب شده، کثرت گرایی دینی می باشد. و زمانهای آخر بیاید، این آیین دروغین نابود خواهد شد. این موضوع را در این بخش بر اساس کتاب مقدس بررسی خواهیم کرد.

A. از سقوط آدم تا کثرت گرایی دینی

وقتی آدم سقوط کرد، یهوه خدا، که همان خداوند، عیسی مسیح باشد، به مار شیطان، اژدها اعلام کرد، " بین تو و زن، و نیز بین نسل تو و نسل زن، خصومت می‌گذارم. نسلِ زنْ سر تو را خواهد کوبید و تو پاشنه وی را خواهی

زد" (پیدایش ۳:۱۵) در اینجا، "فرزندان او" اشاره به عیسی مسیح خداوند، دانه از زن، و "بذر خود را" اشاره به یک دانه شیطان. در اینجا نسلِ زنْ اشاره به خداوند عیسی دارد و نسل تو اشاره به نسلب شیطان.
در پیدایش ۳:۱۵ خداوند نقشه نجات خود را نمایان میکند. مار پاشنه نسل زن را خواهد زد و این دلالت بر به صلیب کشیده شدن مسیح عیسی را دارد. علاوه بر این، نسل زن کوبیده شدن سر مار، دلالت بر ریخته شدن خون مسیح بر روی صلیب را دارد که به ماموریت نجات انسانها را در این مقطع تکمیل می کند. و شیطان برای همیشه مغلوب و نابود می شود (مکاشفه ۲۰:۱۰). بنابراین پیدایش ۳:۱۵ نقشه بزرگ خدای تثلیث برای نجات این جهان است (پیدایش ۲:۹/۱۷ ؛ ۳:۶). از لعنت مرگی که به دلیل خوردن میوه درخت شناخت خوب و بد. و این نقشه بزرگ نجات برای این طراحی شده است که دلیل آفرینش جهان توسط خداوند را از طریق مصلوب شدن عیسی مسیح به فرزندان خداوند تعلیم دهد نقشه ای که حتی قبل از آفرینش طراحی شده بود. بالنتیجه، این آیه ستون فقرات کتاب مقدس محسوب می شود.
نکته بسیار مهم دیگری که مربوط به نقشه نجات می شود عهد خداوند با ابراهیم است. یهوه خدا، به طور خاص ابراهیم را انتخاب کرده او را خواند (۲۱۶۶ق.م)، تا با او عهد بست که او را برکت دهد. (پیدایش ۱۲:۲/۳ ؛ ۱۸:۱۸؛ ۲۲:۱۸؛ ۲۶:۴؛ ۲۸:۱۴). در این عهد خداوند که به طور یک جانبه با مخلوقی که صلاحیت دریافت این چنین عهدی را ندارد وعده داده است. اصطلاح عهد در زبان عبری وعده ای است بسیار قوی است که تحقق آن الزامی و اجباری می باشد.
عهد خداوند با ابراهیم از این قرار بود، "همه قومها از نسل تو برکت خواهند گرفت." در اینجا کلمه عبری که برا ی همه استفاده شده به معنای "Goim"، غیر یهودیان (امتها به استثنای یهودیان) می باشد. بنابراین عیسی مسیح که از نسل ابراهیم باشد، به این دنیا می آید (غلاطیان ۳:۱۶)، او نور مکاشفه برای امت ها خواهد بود (لوقا ۲:۳۲؛ اشعیا ۹:۲؛ ۴۲:۶) و او نجات را برای همه امت ها به ارمغان می آورد. ابراهیم نبی و نسل او، منتخبین خداوند هستند برای آشکار کردن و توضیح هدف آفرینش به همه انسانها در طول تاریخ بشریت.
نقل قول های کتاب مقدس، مانند دلیل آفرینش (اشعیا ۱۲:۲/۳)، پیدایش ۳:۱۵ و عهد ابراهیم (پیدایش ۱۲:۲/۳۲) ستون فقرات کتاب مقدس هستند. تمامی حکایات و گزارشهای کتاب مقدس تمرکز دارد روی رویداد ریخته شدن خون گرانبهای پسر خدا بر روی صلیب و بشارت به همه قومها و ملت ها. بنابراین تجسم عیسی مسیح، رنج او بر روی صلیب، ریختن خون گرانبها او، قیام او، و صعود او همه اینها رابطه مستقیم با هدف آفرینش دارند.
عیسی که از نسل زن بود بر روی زمین تجسم پیدا کرد. شجره نامه او از آدم

شروع و تا نوح و ابراهیم ادامه پیدا می کند (پیدایش ۵:۱/۳۱؛ ۱۱:۱۰/۲۶؛ متی ۱:۱۷). او خدمت نجات خود را بر روی صلیب به پابیان رساند (یوحنا ۱۹:۳۰).
کسانی که به این حقیقت ایمان بیاورند، گناه اولیه شان بخشیده می شود. و از وضعیت قانونی جدیدی بهرمند می شوند. آنها از فرزند شیاطن بودند رهایی پیدا کرده و به فرزند خواندگی دخداوند در می آیند (یوحنا ۱:۱۲؛ ۳:۱۶؛ ۵:۲۴).
آنها در برنامه آموزش که دلیل آفرینش را به آنها آموزش میدهد قرار می گیرند. و در طی این دوره آموزشی، جنگ روحانی بین نسل زن (عیسی مسیح) و فرزندان شیطان ادامه پیدا خواهد داشت.
فرزندان متعددی از شیطان در این دنیا وجود دارند (اول یوحنا ۳:۱۰) آنها ملزم هستند که شیطان را خدمت کنند، "خدای این جهان" (۲ قرنتیان ۴:۴). اولین آیین نظامند شیطانی روی زمین آیین بابلیان بود . که نمرود آغازگر آن بود.
خدای خورشید (نمرود)، خدای ماه (سمیرامیس)، و خدای ستاره (تموز). این خدایان سه گانه در تمام جهان پخش شدند. این خدایان به اسم و اشکال مختلف تغییر چهره دادند و در کل جهان توسعه یافتند.
آدیان جهان، مانند هندو، تائویسم، آیین کنفوسیوس، بودیسم، اسلام، سیک، و غیره در رده بندی ادیان با آموزه های نظامند و تشکیلات و سازماندهی های پر قدرتی در طبقه بندی ادیان در صدر جدول قرار دارند. از سوی دیگر،در نام (Shamanism: سطح ابتدایی، شَمَن‌باوری یا شمنیسم (به انگلیسی یک رشته باورهای سنتی در برخی اقوام بدوی است. شمن‌باوران معتقدند که به‌وسیلهٔ تماس با ارواح می‌توان بیماری و رنج افراد را تشخیص داد و درمان کرد و یا در افراد ایجاد بیماری و رنج نمود. از این دیدگاه شمن‌باوری مانند آیین زار یکی از روش‌های جادوپزشکی است. توان پیشگویی آینده نیز یکی دیگر از باورها در شمن‌گرایان است. شمنیسم با فعالیت هایی مانند افسون، پیش گویی، جنگیری به هدف های خود می رسند. ، یا روح باوران یا آنیمیسم آیینی است که گرایندگان به آن اعتقاد (Animism: یا جان‌گرایی (به انگلیسی دارند که تمامی عناصر طبیعت دارای روح و جانند. بر طبق همین پندار جنبش طبیعت را ارواح و شیاطین سبب می‌شوند. این ارواح برخی موجب بدی و برخی دیگر موجب نیکی هستند.در این آیین به پرستش روح سنگ، روح درخت، روح رودخانه، و غیره می پردازند.
در قرن ۲۰ میلادی، جنبشی پدید امد که سعی از طریق پدیدهای ماورالطبیعه مانند تجربه های عرفانی، تسخیر شدن بوسیله ارواح، وحی، ارتباط با یک موجود روحانی، خلسه و غیره بینشی نو به تجربه روحانی این ادیان بدهد. این جنبش در تلاش است که سطح توانایی انسان را در سرتاسر جهان گسترش پیدا کرده است.
این جنبش به این باور است که انسان با انجام تمرینات روحانی مثل یوگا،

مدیتیشن، زهد، روزه، خلسه،و غیره می تواند به درجه و توانایی خدایی برسد و یک خدا شود. و با داشتن یک تجربه روحانی مردم را فریب دهد. این است چهره واقعی دین مدرن امروز.
هنگامی که جهان اینگونه تحت تاثیر این جنبش قرار گرفت، کثرت گرای دینی پدید آمد شد. کثرت گرایی دینی جریان اصلی آیین بابلیان در عصر حاضر است. تمام بدعت های مسیحی و ادیان جهان در شکل نهایی پاردایم غول پیکر کثرت گرایی دینی با هم ادغام شده اند. پیروان این نظریه ادعا می کنند که، از آنجا که مسیح با نامه های مختلف در همه ادیان و سیستم های ادیانی وجود دارد. پیروان همه ادیان، صرف نظر از دین خود، نجات پیدا خواهند کرد از آنجا که آنها چنین عقیده ای دارند، تاکید شان بر این است که، مسیحیان نباید هنگام تبشیر به غیر مسیحیان فشار آوردند که به مسیحیت تغییر کیش دهند. کثرت گرایی دینی به جای شهادت درباره هویت حقیقی مسیح به عنوان نجات دهنده، تمرکزش بر فعالیتهای غیر انجیلی است، فعالیتهایی که خداوند مسیح آنها را مستثنی اعلام کرده. فعالیتهایی از قبیل، تلاش برای ایجاد نهضت ها وتشکیلات اداری، خدمات اصلاحات اجتماعی، سازمانهای غیر دولتی، و غیره... . مرکزیت حملات آنها به الهیات مسیحی، آموزه تثلیث اقدس، هویت حقیقی مسیح خداوند، انسان بودن و خدا بودن مسیح، رستاخیز، بازگشت ثانوی او به عنوان شاه شاهان و غیره متمرکز است. کثرت گراین دینی سعی بر این دارند که با تغییر و تحریف انجیل ماهیت و ذات آن را تغییر دهند.
این وخیم ترین و قوی ترین مخالفت و حمله شیطان در زمانهای آخر به هدف آفرینش و نقشه نجات خداوند می باشد. و طبق پیشگویی کتاب مقدس (متی ۲۴:۴/۵؛ ۲۳:۲۸؛ مکاشفه ۶:۱/۲)، باید قبل از آمدن ثانوی مسیح خداوند به وقوع بپیوندد.
امروزه نبوت مسیح در این خصوص جامع عمل پیوسته است. برا مثال، با توجه به کثرت گرایی دینی، دالایی لاما، رهبر بودایی تبتی به عنوان یکی از خادمان خداوند مورد احترام قرار می گیرد. و همچنین تمام رهبران دیگر ادیان جهان به همین گونه خادمین خداوند محسوب میشوند. در واقع کلیساس کاتتولیک روم، دالایی لاما را تا مقام قدیسی بالا برده استو الهیدانان لیبرال پروتستان، همه با این تصمیم موافق اند.
عیسی خداوند این را پیشکویی کرده بود که نبی های دروغین خواهند آمد و معجزات و آیات بسیاری انجان خواهند داد که اگر ممکن باشد منتخبین را هم فریب دهند. به عبارت دیگر، حتی برگزیدگان، کسانی که حتی قبل از بسته شدن نطفه اشان در رحم مادرشان انتخاب شده اند، ممکن است فریب شیطان را بخورند و در دام کثرت گرایی دینی گرفتار شوند.
در زمانهای آخر قبل از بازگشت ثانوی مسیح، کثرت گرایی دینی غول پیکر

ترین و تهدید آمیزترین نشانه است. ولی همه این ادیان شیطانی و نیروهای شیطانی، قادر مطلق نیستند و از خود اختیلری ندارند. همه آنها تحت کنترل و حاکمیت خدای قادر مطلق قرار دارند. آنها بدون اجازه خدای قادر مطلق قادر به انجانم هیچ کاری نیستند (ایوب ۱:۶/۱۲؛ ۲ :۶). همه آنها تحت اقتدار و حاکمیت خداوند قرا دارند.

B . (سقوط فاحشه بزرگ (بابل بزرگ

یوحنای رسول مکاشفه ای دریافت کرد در خصوص کثرت گرایی دینی (مکاشفه باب ۱۷) و درباره ویرانی و تخریب بابل بزرگ (مکاشفه ۲:۱۸) اسم بابل بزرگ روی پیشانی فاحشه بزرگ نوشته شده است (مکاشفه ۵:۱۷) این دو اسم در واقع یکی هستند. با توجه به فصل ۱۳ تا ۱۸ کتاب مکاشفه، بابل بزرگ اشلره دارد به دو نوع نظام. نظام مذهبی و دیگری نظام سیاسی-اقتصادی (مکاشفه ۱۳:۱/۱۰).

نظام مذهبی . ۱

فاحشه بزرگ به عنوان یک نظام مذهبی به کثرت گرایی مذهبی اشاره دارد. شهر قدیمی بابل، آمیخته بود با فرهنگ های مختلف بت پرستی. در این شهر، ۱۰۸ معبد برای پرستش بت ها وجود داشت. حدود ۸۰۰ مکان براپپرستش خدای آسمان و حدود ۶۶۰ محراب به منظور پرستش بت ها وجود داشت. و همین طور مکان های شیطانی بسیار دیگری هم در این شهر دیده می شد. در این محیط، آیین بابلی به عنوان مکانی برای تلفیق ادیان توسط شیطان تاسیس شد و کار خود را از آنجا آغاز کرد.
سمیرامیس یکی از ایزد بانو های خاص در میان خدایان آیین بابلیان است. الهل سمیرامیس با اسمهای مختلف در همه ادیان جهان به عنوان الهه رحمت، شفعت، صلح، برکت، باروری و فراوانی مورد ستایش قرار می گیرد. سمیرامیس فلسفه یونان و انسانگرایی را در مطالعات سکولار به ارمغان می آورد. در زمانهای آخر، او به عنوان یکی از طرفداران صلح جهانی مبدل می شود و با همراهی ادیان در مسیحیت نفوذ کرده و باعث ظهور کثرت گرایی مذهبی می شود.
در باب ۱۷ و ۱۸ کتاب مکاشفه، نبوت شده است که کثرت گرایی مذهبی در زمانهای آخر در غالب آیینی التقاطی ظهور خواهد کرد. پیروان کثرت گرایی مذهبی می گویند که خدا را خدمت می کنند. ولی در حقیقت در خدمت بت ها هستند. به علاوه آنها ادعا می کنند که همه خدایان ادیان دیگر در واقع یک

خدا واحد بیشتر نیست. کتاب مقدس کسی که این دیدگاه را دارد را "فاحشه" می نامد.
فاحشه" در کتاب مقدس به زنی اشاره دارد که با اینکه شوهر دارد و لی با" مردی دیگر ازدواج می کند (مکاشفه ۷:۳). در کتاب مقدس زن سمبلی است از ایمانداران مسیحی و همسر یا شوهر او سمبلی است از مسیح (متی ۲۵:۱/۱۰؛ مکاشفه ۲۱:۹). به عبارت دیگر، فاحشه به غیر مسیحیان اشاره ندارد بلکه اشاره دارد به کسی که ادعا می کند مسیحی است و مسیح را به عنوان شوهر خود خدمت می کند و در عین حال او خدای دیگری را خیلی بیشتر از مسیح دوست دارد و پرستش و خدمت میکند (یعقوب ۴:۴). به عبارت دیگر، کثرت گرایی دینی پدیده ای منفور و ناپسند است که چهره منفور خود ار به عروس مسیح مبدل کرده است و به همین دلیل در مکاشفه ۱۷:۳، ۶، ۷، ۹، ۱۳ زن را به فاحشه بزرگ(مکاشفه ۱۷:۱) مادر فواحش و اعمال زشت زمین تشبیه کرده است.
کثرت گرایان مسیحی می گویند که مسیح ناجی و خداوند آنهاست و به دروغ اعلام می کندد که در ادیان دیگر هم نجات است. با این کار آنها پیام انجیل را رقیق و کم توان می کنند. با این که آنها گروه های مسیحی هستند، ولی این حقیقت که مسیح تنها راه نجات است را تحریف می کنند. انها حتی جرات به خود داده هسته مرکزی خدمت عیسی را که ماموریت نجات می باشد را منکر می شوند و با این کار نسبت به او مرتکب خیانت می شوند. به این ترتیب صراحتا می توان گفت که آنها فرزندان خداوند نیستند.
کثرت گرایان با تقلید از سنت مسیحی، شراب که نمادی از خون گرانبهای مسیح خداوند می باشد را می نوشند. ولی از دیدگاه خداوند آنها جام خشم و غصب خداوند را می نوشند. و این به این دلیل است که آنها را نجات و رستگاری را که توسط خون گرانبهای مسیح مهیا می شود را با دیگر ادیان مخلوط کرده اند (مکاشفه ۱۶:۱۹).
مسیح به صراحت پیشگویی کرد که او بر آنان مصیبت نازل خواهد کرد (مکاشفه ۱۷:۸). کثرت گرایی دینی آخرین حربه شیطان است و ظهور آن در محقق شدن هدف آفرینش لازم الاجراست. ظهور کثرت گرایی دینی باعث خواهد شد که فرزندان خداوند سختیهای غیر قابل بیانی را متحمل شوند (متی ۲۴:۹/۱۲). عیسی خداوند پیشگویی کرد به عنوان نشانه ای از بازگشت ثانوی خود که پروتستانهای انجیلی توسط کثرت گرایان دینی تحت جفا قرار خواهند گرفت (متی ۲۴:۳/۵/۹/۱۰/۲۳/۲۸). از طریق این جفاها و مشقتها، مسیحیات انجیلی بار دیگر به اهمیت درک و رعایت دلیل آفرینش پی خواهند برد، اما شیطان و فرزندانش، قطعا به جهنم ابدی فرستاده خواهند شد (مکاشفه ۲۰:۱۰، ۲۱:۸).

نظام سیاسی ۲.

علاوه بر این، نظام سیاسی اقتصادی بابل بزرگ، تحت تاثیر کثرت گرایی دینی قرار دارد. یوحنای رسول در پیشگویش در کتاب مکاشفه خاطر نشان می کند که پادشاهان جهان با "فاحشه بزرگ" (پلورالیسم دینی) مرتکب زنا خواهند شد (خدمت کردن به شیطان). و ساکنان زمین (غیرمسیحیان) با شراب زنا کنندگان خود مست خواهند شد (تعالیم پلورالیسم دینی- مکاشفه ۱۷:۲). همچنین نوشته شده است که " زیرا همه ملل از شراب آتشین زنای او نوشیده اند. شاهان زمین با او زنا کرده اند و بازرگانان جهان از زیادی عیّاشی او توانگر شده اند.» (مکاشفه ۱۸:۳). با بررسی این آیات، به این واقعیت پی خواهیم برد که بابل بزرگ همه نیروهای شیطانی را در یک حلقه سازماندهی کرده است وتاثیر این حلقه شیطانی را در تمامی حوزه های زندگی بشر اعم از .حوزه سیاسی، اقتصادی، اجتماعی، فرهنگی، و غیره را می توان مشاهده کرد به خصوص نظام سرمایه داری که ثروت پرستی را توسعه می دهد. عشق به پول و مادی پرستی نیروی مرکزی آیین بابلی است. عناصر کلیدی که از بستر نظام سرمایه داری بیرون نشات گرفته اند امور مالی، سیاست، اقتصاد، و اطلاعات فن آوری می باشند. نظامی که متمرکز است بر شخصیت غرور محور، نضظامی که در آن ربا خواری حاکم است (حزقیال ۲۲:۲۵؛ مزامیر ۱۵:۱؛ حزقیال ۱۸:۸/۱۷) کتاب قانون، ریاضیات، علوم و غیره و و انواع مدلها و ابزار مورد نیاز بزای ساخت سیستم نظام سرمایه داری مدرن عصر حاضر از بابل باستان آغاز شده است. حتی کمونیست، امپریالیسم، و همچنین تمام سیستم های سیاسی، اقتصادی، فرهنگی، اجتماعی و حقوقی مدرن بشر از تمدن بین النهرین نشات گرفته است.

این نظام در طبیعت شریرانه است. اما خداوند به آنها اجازه داده تا برای مدتی محدود، ابزاری در دست خداوند باشند. تا به این وسیله خداوند نقشه نجات خود را که در پیدایش ۳:۱۵ آن اعلام کرده است را به تحقق برساند. و از این طریق به قوم خود هدف و دلیلی آفرینش را بیاموزد. عیسی مسیح اغازگر و به پایان رسان تاریخ بشریت می باشدو اوست حاکم بر تاریخ بشریت، تمام رویدادهای و وقایع تاریخی در دست اوست و تحت کنترل اوست (مکاشفه ۸:۱). فرزندان خداوند شهروندان آسمان هستند (فیلیپیان ۳:۲۰) ، اما آنها به طور موقتی در این دنیا به عنوان بیگانه و غریبه زندگی خواهند کرد (اول پطرس ۲:۱۱). بنابراین آنها در حالی که در این نظام سرمایه داری زندگی می کنند، به منظور تاکید مجدد به هدف و دلیل آفرینش قادر خواهند بود که در تحقق نقشه بزرگ نجات خداوند شرکت و همکاری داشته باشند. گاهی اوقات ایمانداران مسیحی در این نظام مفید واقع می شوند و مورد التفات و توجه آنها

قرار میگیرند و گاهی اوقات توسط این نظام مورد تنفر و جفا قرار می گیرند. بدیهی است که این دو نظام در دست خداوند است، خدایی که الف و ئ است (مکاشفه ۱:۸؛ ۲۲:۱۳).
ویرانی بابل بزرگ، طبق پیشگویی یوحنای رسول (کتاب مکاشفه ۱۹:۱۱/۱۶) در پایان هفت سال مصیبت عظیم رخ خواهد داد. درست قبل از بازگشت ثانوی خداوند عیسی بر روی زمین. در آن زمان تمام نظامهای بابلی به طور ناگهانی سقوط کرده از بین خواهند رفت. هنگامی که شکوه و عظنت بابل بزرگ "فاحشه بزرگ" یا "ملکه" (مکاشفه ۱۸:۷؛ ارمیا ۷:۱۸؛ ۴۴:۱۷/۱۹) فرو می ریزد.
پادشاهان و بزرگان زمین، کسانی که مرتکب عمل زنا شده بودند برای او گریه، ضجه، و شیون خواهند کرد (مکاشفه ۱۸:۹/۱۱). تمام نظامهای بابلی، به ویژه بازارهای مالی کامپیوتری سهام بلافاصله سقوط خواهند کرد. برای همین بود که که خداوند به ایماندران مسیحی فرمود " آنگاه صدای دیگری از آسمان شنیدم که می گفت: «از او بیرون آیید. ای قوم من، مبادا در گناهان او سهیم شوید و در بلاهایش شریک گردید! (مکاشفه ۱۸:۴).
خد بعد از سقوط آدم، پیشگویی کرده فرمود، بین نسل زن و تسل مار جنگ روحانی در خواهد گرفت (پیدایش ۳:۱۵)، و از آنجا نقشه ۷۰۰۰ ساله نجات خداوند آغاز شد. امروزه تقریباً ۶۰۰۰ سال از آن سپری شده است. همانگونه که ما تا اینجا این موضوع را بررسی کرده ایم، آیین بابلیان در تاریخ بشر در غالب کثرت گرایی دینی که در همه ادیان و نظام ها نفوذ کرده، مستقر شده است. نظام هایی از قبیل، نظام های اجتماعی، امپرالیسم سرمایه داری، ثروت گرایی و غیره .... در حال حاضر، نابودی بابل بزرگ و بازگشت ثانوی عیسی مسیح خداوند نزدیک است، و پس از آن، پادشاهی هزار ساله (مکاشفه ۲۰:۱/۱۰) به دنبال خواهد داشت. و در پایان این عصر، شیطان و پیروان او و را به جهنم (مکاشفه ۲۰:۱۰، ۲۱:۸، ۱۴:۱۵) فرستاد و فرزندان خدا به آسمان جدید و زمین جدید (مکاشفه ۲۱:۱/۷). در نهایت این لحظه ای است که ۷۰۰۰ سال دوره آموزش به اتمام میرسد. شیطان آگاه است که وقتش تقریبا به پایان رسیده است(مکاشفه ۱۲:۱۲). بنابراین او در حال انجام آخرین تلاش مذبوحانه خود برای حمله به نسل زن (عیسی خداوند و پیروان او) و انجیل نجات بخشش می باشد. امروز، کثرت گرایی دینی، مخرب ترین نیروی شیطان است، و پیروان آن گروه با نفوذ ترین، موذی ترین، قانع کننده ترین، فراگیرترین و محبوب ترین میباشند. اما بیشتر مسیحیان از آن آگاهی ندارند و یا نسبت به آن غیر حساس اند و به خطرات ناشی از کثرت گرایی دینی است که همواره به مسیحیت حمله میکند نیستد. از طریق موعظه او در کوه زیتون (متی ۲۴:۳/۲۵؛ ۴۶)، عیسی مسیح به منظور تجهیز مسیحیان نشانه های بسیاری از زمانهای آخر به آنها

داد تا آنها با داشتن بصیرت روحانی در آن دوران زندگی کنند. پیشگویی و نبوت خداوندعیسی هرگز غلط از کار در نیامده است (ایوب ۴۲:۲؛ مکاشفه ۱۷:۱۷). ما در زمانی زندگی می کنیم که این پیشگوییجامع عمل پوشیده است. بنابراین، امروزه ما به عنوان پژوهشگران و کسانی که الهیات و آموزه های مسیحی، تحولات اجتماعی، فرهنگی و سیاسی را مورد مداقه قرار میدهند ، باید علائم زمان آخر را تشخیص داده (متی ۱۶:۱/۴)، و با حکمت روحانی و بصیرت، آماده بازگشت ثانوی خداوند عیسی بشویم.

حتی اگر جهان به تدریج تاریکتر و تاریکتر شود (متی ۲۴:۶/۱۳)، پیشگویی شده است که حتی در این وضعیت بد و شیطانی، انجیل عیسی مسیح به عنوان شهادت نامه نجات به تمام ملت ها و قوم ها موعظه خواهد شد (متی ۲۴:۱۴ -Ethne به یونانی). با اتکا به این کلام خداوند، امروز بسیاری از کلیساهای انجیلی در سراسر جهان در حال کار برای تبشیر به مناصق و کسانی هستند که پیام انجیل را کسی برایشان موعظه نکرده است. دعای من برای خوانندگان این کتاب این است که فارغ از وسوسه شدن توسط تعالیم جذاب، محبوب، و شیطانی گثرت گرایان دینی، آنها هم به منظور موعظه انجیل، وسیله ای در دست خداوند در آیند، و از این طریق در این زمانهای آخر و فصل برداشت محصول و صید جانها با پیوستن به ماموریت تبشیر، باعث برکت و نجات دیگر اقوام بشوند.

경향신문

2011년 5월 25일 수요일 33

토랑 추기경 "'다르다'는 다양하다는 것… 타 종교에 개방적이어야"

تصویر ۱۲۲.کاردینال تائوران,رییس شورای دیالوگ بین پاپ های واتیکان و سران کره ای هفت دین بزرگ

کاردینال جین لوییز تائوران از کلیسای کاتولیک روم,به دعوته شورای روشنفکران و گفتوگوی بین ادیان با سران ادیانی چون اسلام,بودیسم, کونفوسیوسی,کلیسای پروتستان,کلیسای اونجلیکایی و کلیسای ارتدکس برای گفتوگو و همکاری گرد هم امدند. کاردینال تائوران در این گفتوگو چنین بیان کرد"تفاوت هایی داریم,اما یکدیگر را به عنوان برادر و خانواده میتوانیم ببینیم."

The kyunghyang shinmun.korea.۲۵may۲۰۱۱

نتیجه

به این ترتیب شکل گیری ادیان تصادفی نبوده است، خداوند گفته بود که پس از سقوط لوسیفر، فرمانده فرشتگان (اشعیا ۱۴:۱۲/۱۵؛ حزقیال ۲۵:۱۵/۱۹) و سقوط آدم (پیدایش ۳:۶)، دینی پدید خواهد آمد که شیطان را پرستش خواهد کرد(پیدایش ۳:۱۵). طبق این پیشگویی ادیان شیطانی در سرتاسر جهان گسترش یافته و مردم را به بردگی می گیرند. حتی افرادی که خدا مقدر کرده بود که فرزندان خدا گردند، فریب خورده، به خدمت شیطان در خواهند آمد.
بااین حال خداوند اجازه داد که این اتفاق بیافتد. خداوند خالق روشنایی و تاریکی ، کامیابی و مصیبت می باشد (اشعیا ۴۵:۷). او همه مخلوقات را برای هدفی که داشت آفرید (امثال ۱۶:۴). اما لوسیفر از هدف آفرینش نافرمانی کرد، هدفی که بازگو کنند این بود که همه مخلوقات برای پرستش ، ستایش، و جلال خداوند خلق شده اند (اشعیا ۴۳:۱۷، ۲۱؛ رومیان ۹:۵؛ کولسیان ۱:۱۶).
.آدم هم از این این فرمان نااطاعتی کرد و خدا اجازه داد همه این اتفاقات رخ دهد در این درام حماسی ۷۰۰۰ ساله تاریخ بشر، نسل زن به عنوان نقش اصلی و نسل شیطان را به عنوان بازیگر کمکی مقدر نمود. و در این درام حماسی، جنگ روحانی بین نسل زن و نسل شیطان آغاز شد.
خداوند اجازه داد تا فرزندان منتخبش موقتاً، برای مدت کوتاهی فریب این ادیان شیطاتی رابخورند و زیر سلطه شیطان متحمل رنج و زحمت شوند. و در زمان مقدر شده خبر خوش نجات را به آنها اعالم خواهد کرد (یوحنا ۳:۱۶). کسانی که از این فرایند آزاد و رها می شوند عمیقاً برای فیضی که دریافت کرده اند تحت تاثیر عمیق قرار خواهند گرفت. و آنوقت است که فرزندان خداوند دوباره می توانند هدف آفرینش را اذعان کنند.
طبق پیشگویی پیدایش ۳:۱۵ به منظور بازگرداندن فرزندان منتخب خدا، سر خدا، خود به این دنیا امد تا با ریختن خونش بر روی صلیب نسل بش ررا نجات دهد. و برای تحقق این نجات پسر ازلی خدا، باید جسم می پوشی و به این دنیا می آمدو قیمت گزافی را می پرداخت. فرزندان خداوند در این ۷۰۰۰ سال زحمت و سختی های بسیاری متحمل می شوند، ولی فرزند خدا، عیسی

مسیح هم رنج بسیاری را متحمل شد.
بنابراین، کسانی که نجات یافته اند، باید از صمیم قلب از این تجات شکر گزار باشند.آنها باید هدف افرینش را در اعماق قلب خود در ک و تایید نمایند. و خودیٔ را متعهد کنند که طبق این هدف زندگی کنند.
هدف آفرینش جلال خدا می باشد. شاید سئوال پیش بیاید که جلال دادن خداوند در زندگی روزمره چه معنایی دارد؟ در اینجا سه نکته مهم است. ۱- شناخت و تعمق در هویت خدا. ۲- شناخت و تعمق درانسان. ۳- اطاعت از فرمان بزرگ (خروج ۲۰:۱/۷؛ متی ۲۲:۳۷/۳۹) و ماموریت بزرگ (متی ۲۸:۱۹/۲۰ ؛ اعمال ۱:۸).
از نقطه نظر انسانی، ۷۰۰۰ سال زمان طولانی میباشد. اما از دیدگاه ابدیت لحظه ای یا یک مقطه کوچک نامرئی بیش به نظر نمی آید (مزامیر ۹۰:۴؛ دوم پطرس ۳:۸). بعد از پایان دوره ۷۰۰۰ ساله آموزشی و ورود فرزندان خداوند به بهشت ابدی (مکاشفه ۲۱:۱) و کسب کردن تجربه زندگی با خداوند (مکاشفه ۲۲:۱/۵) همه وخلوفات ضرورت اطاعت از پیروی هد ف آفرینش را به خاطر خواهند داشت و از صمیم قلب از اناطلعت خواهند کرد و خداوند برای آفرینشش به وجد آمده، مسرور خواهد شد (پیدایش ۱:۳۱). خدا انسان را به شباهت خویش آفرید (پیدایش ۱:۲۶/۲۷) و روح حیات را در بینی او دمید (پیدایش ۲:۷) و آنها را برکت داد و فرمود باور و کثیر شوند و بر زمین و همه مخلوقات در آن تسلط و حاکمیت داشته باشند (پیدایش ۱:۲۸) به این ترتیب آدم خدواند انسان را تبدیل به مخلوقی خوشخال خواهد کرد، مخلوقی که در امر حاکمیت بر جهان امتیاز همکاری با خداوند را دارد
پسگفتار.
این کتاب شامل سه بخش می باشد،"آغاز آیین بابلیان"، "گسترش آیین بالیان"، مدرنیته و ادیان شیطانی". آیین بابلی آیینی است شیطانی، که از نقطه آغاز همه ادیان جهان می باشد. و این در پیدایش ۳:۱۵ از قبل پیشگویی شده بود که نسل زن و نسل مار (_شیطان)با هم درگیر خواهند شد. در اینجا آیین بابلی چیزی نیست مگر همان نسل شیطان که در غالب دین خود را ظاهر کرده است. این اولین دین سازمان یافته شیلطنی در تاریخ بشریت می باشد و الهه سمیرامیس را به عنوان قدرتمندترین خدا پرستش می کنند.
ایده پرستش الهه در خاور میانه، شمال آفریقا، یونان، امپراطوری روم (سرتا سر اروپا) گسترش یافت. در حین گسترش تاثیر زیادی بر فرهنگ، اقتصاد، جامعه، هنر، فلسفه، ادبیات، الهیات، و شکل گیری ادیان در هر منطقه داشت. نه تنها این، بلکه آیین بابلیان به آسیا هم گسترش یافتو پایه و اساس شکل گیری آیین های اصلی جهان مثل هندوئیسم، سیک، زرتشت، بودیسم، تائوئیسم، کنفوسیوس، شینتو (آئین باستانی ژاپن) و غیره شد. آیین بابلی، به

طور قابل توجهی در شکل گیری الهیات و آموزه های کلیسای کاتولیک روم و کلیسای ارتدکس تاثیر داشت. و در نهایت با پیوستن فرقه های از پروتستان و شرکت کردن آنها در جنبش عصر جدید و کثرت گرایی دینی، این ایده بدعتی، قدرت تخریبی کشنده ای بدست آورد.

مسیحیان باید در مقابل پیشرفت فسادآور الهیات و آموزه های مسیحی از خود محافظت به عمل بیاورند. به طور خاص ما باید هسته مرکزی الهیات و آموزه های مسیحی را که هویت الوهیم (تثلیث اقدس) باشد را اعلام کنیم. خدا خالق همه چیز است و انسان هم یکی از مخلوقات اوست. هدف خدا از خلقت به طور مشخص قبل از آفرینش آن تعیین شده بود.

خاد این هدف را به اشعیا و پولس رسول مکشوف کرد و فرمود او تمام موجودات را جهت پرستش، ستایش، تکریم خود خلق کرد تا او را تا به ابد جلال دهند.

بانگاهی به تاریخ مسیحیت (دوران عهد عتیق و عهد جدید) بسیاری از ایمانداران مسیحی مطابق هدف آفرینش زندگی نکرده اند. متاسفانه،تنا اقلیتی از مسیحیان طبق هدف آفرینش زندگی کردند. کتاب مقدس این اقلیت می نامد (اول پادشاهان (Remnants) را مسیحیا ن وفادار یا باقی ماندگان (۱۹:۱۸؛ اشعیا ۱۰:۲۰/۲۲، ۲۸:۵؛ ارمیا ۲۳:۳؛ رویان ۱۱:۴/۵).

چراخدا اجازه داد تنهاعده کمی از مسیحیان او را دوست بدارند و اطاعت کنند؟ چرا خدا اجازه داد بیشتر فرزندان او خدا و همچنین بت ها را خدمت کنند؟ درک این موضوع تقریباً برای انسانها غیر ممکن است. تنها بواسطه فیض خدای قادر مطلق، دانای مطلق، و حاضر مطلق می توان به این مساله پی برد.

به عنوان نویسنده این کتاب، در نام خداوندمان عیسی مسیح دعا میکنم که خوانندگان این کتاب و همچنین فرزندان و خانواده های ایشان، جزو برگزیدگان باشند. و دعای من این است که آنها طبق هدف آفرینش زندگی کنند و تاج تدارک دیده شده را در ملکوت خدا را دریافت کنند. و همچنین به دیگر مخلوقات خدا پرستش و ستایش و جلال دادن خدا را تعلیم دهند.